Investir dans les cr ypto-monnaies

Construire un portefeuille diversifié dans l'économie numérique

Anatole France

Table des matières

Conclusion

Introduction

Bienvenue dans « Investir dans les crypto-monnaies : créer un portefeuille diversifié dans l'économie numérique ». Les crypto-monnaies sont devenues une force perturbatrice dans le monde d'aujourd'hui, modifiant notre façon de voir et d'échanger des fonds. Quiconque cherche à profiter des énormes opportunités présentées par l'économie numérique en pleine croissance doit se familiariser avec les nuances de l'investissement dans les cryptomonnaies.

Ce livre électronique complet promet de vous aider à naviguer dans le monde fascinant de l'investissement en crypto-monnaie en vous fournissant les informations et les méthodes nécessaires pour créer un portefeuille diversifié. Que vous soyez un investisseur expérimenté essayant de diversifier votre portefeuille ou un novice explorant le potentiel des crypto-monnaies, cet ebook vous fournira les connaissances et les idées dont vous avez besoin pour naviguer en toute confiance sur ce marché volatil.

Nous examinerons les idées fondamentales des crypto-monnaies dans les pages suivantes, ainsi que leur contexte historique, les technologies sous-jacentes et plusieurs variétés de crypto-monnaies. Nous parlerons de l'intérêt de diversifier vos investissements et soulignerons ses avantages pour la gestion des risques et les bénéfices potentiels.

Nous examinerons les éléments contribuant à la volatilité du marché et évaluerons les risques et les avantages de l'investissement dans les cryptomonnaies. Pour prendre des décisions d'investissement judicieuses, vous apprendrez à évaluer les performances passées, à comprendre les tendances du marché et à mettre en pratique les mesures de gestion des risques.

Il est essentiel de bien comprendre les différentes pièces et jetons présents sur le marché avant de constituer un large portefeuille de crypto-monnaies. Nous vous guiderons tout au long du processus de choix et de répartition des fonds d'investissement entre plusieurs crypto-monnaies, en mettant fortement l'accent sur le développement futur et la faisabilité.

Nous examinerons les techniques d'analyse fondamentale et technique pour prendre des décisions d'investissement judicieuses. Vous apprendrez à utiliser des méthodes d'analyse technique pour trouver des opportunités d'achat et de vente et évaluer la technologie, l'équipe et la demande du marché prenant en charge des crypto-monnaies particulières.

Une gestion efficace du portefeuille de crypto-monnaies est cruciale pour le succès à long terme. Nous passerons en revue le suivi du portefeuille, le rééquilibrage et l'importance de se tenir au courant de l'environnement juridique et réglementaire. Nous discuterons également des précautions de sécurité pour protéger vos investissements en crypto-monnaies des risques potentiels.

Nous vous conseillons d' éviter les pièges et les escroqueries courantes lorsque vous naviguez sur le marché des crypto-monnaies afin que vous puissiez procéder sans difficulté. Nous examinerons comment les cycles du marché affectent les entreprises et offrirons des conseils pour rester au courant des nouvelles et des tendances qui affectent le secteur. Votre parcours d'investissement sera encore amélioré en étudiant les stratégies d'investisseurs prospères en cryptomonnaies.

Enfin, nous examinerons les tendances potentielles et les perspectives commerciales dans le domaine des crypto-monnaies. Nous vous donnerons un aperçu des possibilités passionnantes qui s'offrent à vous, du développement technologique à l'adoption institutionnelle et aux évolutions réglementaires.

Au moment où vous aurez fini de lire cet ebook, vous aurez une compréhension approfondie de l'investissement en crypto-monnaie et serez prêt à constituer un portefeuille diversifié qui répond à vos objectifs d'investissement. Il est temps d'entreprendre ce voyage révolutionnaire vers l'économie numérique et de réaliser tout le potentiel de l'investissement dans

les
cr yptomonnaies.

Chapitre I : Comprendre les crypto-monnaies

Qu'est-ce que la crypto-monnaie ?

La crypto-monnaie a pris d'assaut le monde, perturbant les systèmes financiers traditionnels et révolutionnant la façon dont nous effectuons des transactions de valeur. Dans cette section, nous explorerons le concept de cryptomonnaie, ses origines, la technologie sous-jacente et son importance dans l'économie numérique moderne. En comprenant les principes fondamentaux de la cryptomonnaie, nous pouvons saisir son potentiel de transformation et les opportunités qu'elle présente.

La crypto-monnaie, telle que nous la connaissons aujourd'hui, trouve ses racines en 2009 avec l'introduction du Bitcoin par une personne ou un groupe anonyme utilisant le pseudonyme de Satoshi Nakamoto. Bitcoin, la première crypto-monnaie décentralisée, visait à créer une monnaie numérique fonctionnant indépendamment de toute autorité centrale, telle qu'un gouvernement ou une institution financière. Il cherchait à remédier aux limites et aux inefficacités des systèmes financiers traditionnels en tirant parti des technologies innovantes.

La technologie blockchain est au cœur de la crypto-monnaie. Un réseau d'ordinateurs ou de nœuds utilise la blockchain comme registre distribué pour enregistrer et vérifier les transactions. La blockchain fonctionne sur un réseau décentralisé, garantissant transparence, sécurité et immuabilité, contrairement aux systèmes centralisés, où une seule entité gère le grand livre.

La décentralisation est un aspect fondamental de la cryptomonnaie. Cela signifie qu'aucune entité n'a un contrôle total sur la monnaie ou ses transactions. Au lieu de cela, les transactions sont validées par un réseau de participants (nœuds) à l'aide de mécanismes de consensus tels que Proof of Work (PoW) ou Proof of Stake (PoS). En éliminant le besoin d'intermédiaires comme les banques dans les transactions financières, la décentralisation garantit la confiance.

Les crypto-monnaies utilisent des techniques cryptographiques robustes pour sécuriser les transactions et contrôler la création de nouvelles unités. Chaque transaction est cryptée, ce qui rend extrêmement difficile toute manipulation ou contrefaçon par des parties non autorisées. De plus, l'utilisation de clés publiques et privées garantit que seuls les propriétaires légitimes de la cryptomonnaie pourront y accéder et la transférer.

N'importe qui peut observer les transactions enregistrées dans le grand livre grâce à la transparence de la technologie blockchain. Bien que les transactions soient publiques, l'identité des participants peut rester pseudonyme, garantissant ainsi la confidentialité. Cette transparence favorise la confiance et la responsabilité au sein de l'écosystème des crypto-monnaies.

Les crypto-monnaies existent uniquement dans le domaine numérique. Ils sont intangibles et n'ont pas de forme physique. Au lieu de cela, ils sont représentés par des codes cryptographiques uniques enregistrés sur la blockchain. Contrairement aux monnaies fiduciaires traditionnelles, de nombreuses crypto-monnaies ont une offre limitée. Par exemple, la limite de 21 millions de pièces sur Bitcoin favorise la rareté et peut affecter la valeur de la monnaie au fil du temps. Cette offre limitée est souvent obtenue grâce à des règles d'émission prédéterminées codées dans le protocole de la cryptomonnaie. Les crypto-monnaies permettent des transactions sans autorisation et sans frontières. Les particuliers peuvent envoyer et recevoir des fonds dans le monde entier sans avoir recours à des intermédiaires, ce qui rend les transactions transfrontalières plus rapides et plus rentables.

Au fil des années, de nombreuses crypto-monnaies ont vu le jour, chacune présentant des caractéristiques et des cas d'utilisation uniques. Bien que Bitcoin reste la crypto-monnaie la plus connue, d'autres ont acquis une popularité significative, notamment Ethereum, Ripple, Litecoin et bien d'autres.

Le Bitcoin, souvent appelé or numérique, a été conçu principalement comme un système de paiement électronique peer-to-peer. Elle a ouvert la voie à l'ensemble du secteur des crypto-monnaies et reste la monnaie numérique la plus précieuse et la plus largement acceptée. Toute crypto-monnaie, à l'exception du Bitcoin, est appelée « altcoin ». Les Altcoins ont des fonctionnalités et des objectifs variés, répondant à différents cas d'utilisation et secteurs. Par exemple, Ethereum a introduit le concept de contrats intelligents, permettant le développement d'applications décentralisées (dApps). Une classe spécifique de crypto-monnaies connue sous le nom de pièces stables cherche à préserver la stabilité des prix en liant sa valeur à une ressource fiable comme les monnaies fiduciaires ou les matières premières. Cette stabilité constitue un moyen d'échange fiable sur le marché volatil des crypto-monnaies.

La crypto-monnaie a déjà profondément impacté divers secteurs, notamment la finance, la technologie et le commerce. Son potentiel s'étend au-delà d'une monnaie numérique, permettant des solutions innovantes telles que la finance décentralisée (DéFi), les jetons non fongibles (NFT), et bien plus encore.

Pour l'avenir, l'avenir de la crypto-monnaie semble prometteur. L'adoption institutionnelle augmente, les grandes entreprises et institutions financières reconnaissant son potentiel. De plus, les progrès de la technologie blockchain continuent d'améliorer l'évolutivité, la confidentialité et l'interopérabilité, rendant les crypto-monnaies plus accessibles et efficaces.

Evolution des cryptomonnaies et de leur technologie sous-jacente (blockchain)

Les cryptomonnaies et la technologie blockchain ont considérablement évolué, bouleversant les systèmes financiers traditionnels et remodelant la manière dont nous percevons et traitons la valeur. Dans cette section, nous explorerons le parcours des crypto-monnaies depuis leurs débuts jusqu'à leur importance actuelle, en retraçant les progrès de la technologie blockchain qui ont propulsé leur croissance. Comprendre l'évolution des crypto-monnaies et la technologie blockchain sous-jacente est essentiel pour comprendre leur impact sur la finance, la technologie et diverses industries.

L'histoire des crypto-monnaies a commencé en 2009 avec l'introduction du Bitcoin par le pseudonyme connu sous le nom de Satoshi Nakamoto. L'objectif de Bitcoin était d'établir une monnaie numérique décentralisée fonctionnant indépendamment des institutions financières établies. Il a attiré l'attention en tant qu'alternative aux monnaies fiduciaires, offrant sécurité, confidentialité et transactions sans frontières. Bitcoin a également introduit le concept de minage, un processus par lequel de nouvelles pièces sont créées et les transactions sont vérifiées. Ce processus, connu sous le nom de Proof of Work (PoW), constitue la base de l'algorithme de consensus utilisé aujourd'hui par de nombreuses cr ypto-monnaies.

À mesure que le potentiel des crypto-monnaies est devenu évident, les développeurs ont commencé à créer des pièces alternatives, connues sous le nom de altcoins. Ces altcoins visaient à remédier aux limites du Bitcoin ou à explorer de nouveaux cas d'utilisation. Litecoin, par exemple, a introduit un temps de génération de blocs plus rapide, tandis que Ripple s'est concentré sur la facilitation des transferts d'argent internationaux à faible coût. L'introduction des altcoins a diversifié l'écosystème des crypto-monnaies, ouvrant la voie à l'innovation et à l'expérimentation.

L'une des étapes les plus importantes dans l'évolution des crypto-monnaies a été l'introduction de Ethereum en 2015. Ethereum a étendu les capacités de la blockchain en introduisant des contrats intelligents. Ces contrats auto-exécutables avec des conditions prédéfinies ont permis le développement d'applications décentralisées (d'Apps) et ont ouvert la porte à une variété d'applications au-delà des simples transactions peer-to-peer. Ethereum a déclenché une vague d'innovation et a mis en valeur le potentiel transformateur de la technologie blockchain.

La croissance rapide des crypto-monnaies a révélé des défis spécifiques au sein de l'écosystème blockchain. L'évolutivité, par exemple, est apparue comme une préoccupation majeure. La capacité limitée de traitement des transactions de Bitcoin a entraîné des délais de confirmation lents et des frais élevés pendant les périodes de congestion du réseau. Diverses solutions de mise à l'échelle ont émergé pour résoudre ce problème, telles que Segregated Witness (SegWit) et Lightning Network, qui visaient à augmenter le débit des transactions et à réduire les frais.

L'interopérabilité, c'est-à-dire la capacité des différentes blockchains à communiquer et à partager des données, est également devenue un besoin urgent à mesure que le nombre de réseaux blockchain augmentait. Des projets comme Polkadot et Cosmos ont été développés pour relever ce défi, en facilitant l'échange d'informations et de valeur entre différents écosystèmes blockchain.

En outre, la vie privée et la confidentialité sont devenues des sujets de préoccupation dans le domaine des crypto-monnaies. Même si les transactions Bitcoin sont pseudonymes, elles sont toujours traçables sur la blockchain publique. Les crypto-monnaies axées sur la confidentialité, comme Monroe et Cash, ont introduit des techniques cryptographiques avancées pour améliorer la confidentialité des transactions et masquer les informations sur l'expéditeur et le destinataire.

Le potentiel de la technologie blockchain s'étend au-delà des crypto-monnaies. Les entreprises ont reconnu ses avantages en termes d'amélioration de la transparence, de la traçabilité et de l'efficacité dans divers secteurs. Des secteurs tels que la gestion de la chaîne d'approvisionnement, la santé, la finance et la logistique ont commencé à explorer des solutions blockchain pour rationaliser les processus, réduire les coûts et atténuer la fraude.

Les blockchains de consortium et privées ont gagné du terrain pour répondre aux exigences spécifiques des entreprises. Un groupe d'organisations régit les blockchains de consortium, tandis que les blockchains privées sont limitées à une seule entité. Ces blockchains offrent une confidentialité, un contrôle et un accès autorisé améliorés, ce qui les rend adaptées aux initiatives collaboratives du secteur et au traitement des données sensibles.

Pour l'avenir, l'avenir des crypto-monnaies et de la technologie blockchain recèle un immense potentiel et plusieurs défis. La finance décentralisée (DéFi) est devenue un cas d'utilisation important de la blockchain, permettant des services financiers traditionnels sans intermédiaire. Cependant, cela a soulevé des inquiétudes concernant la sécurité, la réglementation et l'évolutivité.

La gouvernance et la réglementation de la blockchain sont également des domaines d'intérêt. Un défi pour les décideurs politiques consiste à trouver un équilibre entre innovation et protection des consommateurs. Les gouvernements et les organismes de réglementation étudient les moyens de réglementer les crypto-monnaies et la technologie blockchain, en garantissant la conformité, la protection des investisseurs et en luttant contre les activités illicites.

L'évolutivité et la consommation d'énergie restent des défis importants pour la technologie blockchain. Les réseaux blockchain doivent évoluer pour gérer la demande croissante de transactions sans sacrifier la sécurité. De plus, la prise en compte de l'impact environnemental des algorithmes de consensus énergivores, tels que le Proof of Work, est devenue une priorité, ce qui conduit à explorer des alternatives plus économes en énergie comme le Proof of Stake.

Conceptsclés :décentralisation,sécuritéettransparence

Les concepts de décentralisation, de sécurité et de transparence sont les piliers qui sous-tendent le monde des crypto-monnaies et de la technologie blockchain. Cette section explorera l'importance de ces concepts clés et leur rôle dans le façonnement de l'économie numérique. Comprendre la décentralisation, la sécurité et la transparence est crucial pour comprendre le potentiel de transformation des crypto-monnaies et de la blockchain dans divers secteurs.

La décentralisation est au cœur des crypto-monnaies et de la technologie blockchain, remettant en question le modèle traditionnel des systèmes centralisés. Dans un système décentralisé, le pouvoir est réparti entre plusieurs participants, appelés nœuds, éliminant ainsi le besoin d'intermédiaires et définissant la confiance.

La décentralisation établit la confiance grâce à des mécanismes de consensus, dans lesquels plusieurs nœuds du réseau s'accordent sur la validité des transactions. Des mécanismes de consensus tels que Proof of Work (PoW) ou Proof of Stake (PoS) garantissent que les transactions sont vérifiées et ajoutées à la blockchain de manière sécurisée et transparente. Ce mécanisme de consensus empêche une seule entité de manipuler ou de falsifier l'historique des transactions, garantissant ainsi la confiance des participants.

En supprimant les intermédiaires, la décentralisation réduit les coûts, améliore l'efficacité et favorise l'inclusivité. Les systèmes financiers traditionnels font souvent appel à des intermédiaires, tels que des banques ou des processeurs de paiement, qui introduisent des retards, des frais et des barrières à l'entrée. Dans un système décentralisé, les individus peuvent effectuer des transactions directement entre eux, facilitant ainsi des transactions plus rapides et plus rentables.

La sécurité est d'une importance primordiale dans le monde des crypto-monnaies. La technologie blockchain et les techniques cryptographiques sont utilisées pour garantir la sécurité des transactions et protéger l'intégrité des données.

Les crypto-monnaies utilisent des techniques cryptographiques robustes pour sécuriser les transactions et protéger l'intégrité des données. Chaque transaction est cryptée à l'aide d'algorithmes complexes, ce qui rend extrêmement difficile la falsification ou la contrefaçon des transactions par des parties non autorisées. La cryptographie facilite également la génération et la gestion de clés publiques et privées, garantissant un accès sécurisé aux portefeuilles et empêchant les transferts non autorisés.

L'immuabilité et l'intégrité des données sont garanties par la technologie blockchain. Une fois qu'une transaction est ajoutée à la blockchain, elle devient un enregistrement permanent et inaltérable. La nature distribuée du réseau blockchain empêche les acteurs malveillants de falsifier l'historique des transactions, car tout changement nécessiterait le contrôle de la majorité de la puissance de calcul du réseau. Cette immuabilité améliore la sécurité et renforce la confiance dans le système.

La transparence est un principe fondamental de la technologie blockchain. Toutes les transactions sont enregistrées dans un grand livre public, ce qui permet à quiconque d'y accéder et de les vérifier. Cette transparence favorise la confiance entre les participants, permettant une vérification indépendante de l'historique des transactions et empêchant les activités frauduleuses.

Le grand livre public facilite l'audit et la responsabilité et permet aux participants de retracer les transactions jusqu'à leur origine. Cette transparence réduit les risques de fraude et renforce la confiance au sein du système.

Même si les transactions sur la blockchain sont transparentes, l'identité des participants peut rester pseudonyme. Les participants sont identifiés par des adresses cryptographiques, offrant un certain niveau de confidentialité. Le pseudonyme protège l'identité des individus tout en maintenant la transparence du système. Cependant, trouver un équilibre entre les exigences en matière de confidentialité et les exigences réglementaires reste un débat en cours au sein de la crypto-monnaie.

La décentralisation, la sécurité et la transparence sont interconnectées et se renforcent mutuellement au sein de l'écosystème des crypto-monnaies. La décentralisation garantit la sécurité et l'intégrité des transactions en supprimant les points de défaillance centralisés et en promouvant une vérification basée sur le consensus. Les mesures de sécurité, telles que les techniques cryptographiques et l'immuabilité des données, renforcent la confiance et la transparence du système. La transparence, à son tour, renforce la sécurité en permettant aux participants de vérifier les transactions de manière indépendante et renforce la confiance entre les utilisateurs.

La combinaison de la décentralisation, de la sécurité et de la transparence constitue le fondement du potentiel de transformation des crypto-monnaies et de la technologie blockchain. Ces concepts permettent une économie numérique décentralisée, sécurisée et transparente, libérée des limitations des systèmes centralisés traditionnels.

Les concepts de décentralisation, de sécurité et de transparence dépassent le domaine des crypto-monnaies. Pour accroître la transparence, la sécurité et la confiance, la technologie blockchain est étudiée dans un certain nombre de domaines, notamment les systèmes de vote, les soins de santé et la gestion de la chaîne d'approvisionnement.

Les applications décentralisées (dApps) exploitent ces concepts pour fournir des solutions ouvertes et vérifiables dans des domaines tels que la finance décentralisée (DéFi), les jetons non fongibles (NFT), etc. En utilisant les principes de décentralisation, de sécurité et de transparence, la technologie blockchain ouvre de nouvelles possibilités d'efficacité, de responsabilité et d'innovation dans divers secteurs.

Différents types de crypto-monnaies (Bitcoin, Ethereum, etc.)

Le monde des crypto-monnaies a considérablement évolué depuis l'introduction du Bitcoin, englobant un large éventail d'actifs numériques. Cette section explorera les différents types de crypto-monnaies, en approfondissant leurs caractéristiques, objectifs et contributions uniques à l'économie numérique. Comprendre les caractéristiques et les cas d'utilisation de crypto-monnaies de premier plan telles que Bitcoin et Ethereum, ainsi que d'autres alternatives émergentes, fournira un aperçu du paysage en expansion rapide des actifs numériques.

Bitcoin, introduit en 2009, reste la crypto-monnaie la plus connue et la plus précieuse. En tant que première monnaie numérique décentralisée, Bitcoin a bouleversé les systèmes financiers traditionnels, permettant des transactions peer-to-peer sans avoir recours à des intermédiaires.

Bitcoin fonctionne sur une blockchain publique, garantissant la transparence et l'immuabilité des transactions. Il utilise le mécanisme de consensus Proof of Work (PoW), dans lequel les mineurs valident et sécurisent le réseau. L'offre limitée de Bitcoin, à 21 millions de pièces, en fait un actif déflationniste, et sa valeur dépend de facteurs tels que la rareté, l'adoption et la demande du marché.

Bitcoin sert de réserve de valeur et de moyen d'échange, offrant une alternative aux monnaies fiduciaires. Il assure la souveraineté financière, en particulier dans les régions ayant un accès limité aux systèmes bancaires traditionnels. Bitcoin a gagné en importance en tant que couverture contre l'inflation et actif d'investissement spéculatif.

Ethereum, introduit en 2015, a élargi les possibilités de la technologie blockchain au-delà des monnaies numériques. Il a introduit des contrats intelligents, permettant le développement d'applications décentralisées (dApps) et favorisant l'innovation dans divers secteurs.

La crypto-monnaie native d'Ethereum est l'Ether (ETH). Il fonctionne sur une plateforme décentralisée qui prend en charge l'exécution de contrats intelligents. Ethereum utilise un langage de programmation complet de Turing, permettant aux développeurs de créer et de déployer leurs propres dApps sur la blockchain Ethereum. Bien que Ethereum utilise actuellement le mécanisme de consensus Proof of Work (PoW), il est prévu de passer à un système Proof of Stake (PoS) plus économe en énergie.

La nature programmable de l'Ethereum et de son écosystème dApp ont ouvert de nombreux cas d'utilisation. Il facilite la finance décentralisée (DéFi), permettant des activités telles que le prêt, l'emprunt et le commerce sans intermédiaires. Ethereum permet également la création et l'échange de jetons non fongibles (NFT), qui ont gagné en popularité dans les domaines de l'art, des jeux et des objets de collection.

Au-delà du Bitcoin et de l'Ethereum, une multitude de cryptomonnaies alternatives, souvent appelées altcoins, ont vu le jour. Ces actifs numériques offrent des fonctionnalités uniques et répondent à des cas d'utilisation spécifiques. Explorons quelques exemples notables :

Ripple (XRP) vise à révolutionner les paiements transfrontaliers en facilitant les transactions rapides et peu coûteuses. Il fonctionne sur une technologie de grand livre distribué appelée Ripple Net et utilise sa crypto-monnaie native, XRP, comme monnaie relais pour la liquidité. Ripple a établi des partenariats avec de nombreuses institutions financières, se positionnant comme un perturbateur potentiel dans le secteur traditionnel des envois de fonds.

Le Litecoin (LTC), souvent considéré comme l'argent de l'or du Bitcoin, est une crypto monnaie peer-to-peer qui partage de nombreuses similitudes avec le

Bitcoin. Cependant, Bitcoin se différencie en offrant des temps de génération de blocs plus rapides et un algorithme de hachage différent (Scrypt). Litecoin est souvent utilisé comme banc d'essai pour implémenter de nouvelles fonctionnalités avant que Bitcoin ne les adopte.

Une plateforme blockchain appelée Cardano (ADA) vise à offrir un cadre sûr et évolutif pour créer des applications décentralisées et des contrats intelligents. Il met l'accent sur le développement axé sur la recherche et intègre une approche évaluée par les pairs pour garantir des normes de sécurité élevées. La

crypto-monnaie native de Cardano est ADA, qui sert de moyen de transaction et de participation au sein de l'écosystème Cardano.
Polkadot (DOT) est une plateforme multi-chaînes qui facilite l'interopérabilité de plusieurs blockchains. Il permet aux blockchains de se connecter et de partager des informations, améliorant ainsi l'évolutivité et favorisant la collaboration entre les réseaux blockchain. La crypto-monnaie native de Polkadot, DOT, est un jeton de gouvernance au sein de l'écosystème.

Le paysage des crypto-monnaies se caractérise par une évolution constante et des tendances émergentes qui façonnent son orientation future. Voici quelques tendances et orientations notables :

La finance décentralisée (DéFi) a gagné en popularité, offrant des services et des instruments financiers sans intermédiaire. Il englobe des plateformes de prêt, des échanges décentralisés et des protocoles d'agriculture de rendement, donnant aux utilisateurs plus de contrôle et d'autonomie sur leurs finances.

Les jetons non fongibles (NFT) ont attiré beaucoup d'attention car ils permettent de posséder et d'échanger des actifs numériques distinctifs tels que des œuvres d'art, des objets de collection et des propriétés virtuelles. Les NFT exploitent la technologie blockchain pour établir la provenance, la rareté et la propriété vérifiable.

Les banques centrales du monde entier explorent les monnaies numériques des banques centrales (CBDC). Les CBDC visent à combiner les avantages de la technologie blockchain avec la stabilité et la surveillance réglementaire des monnaies traditionnelles contrôlées par les banques centrales.

Aperçu des principaux échanges et portefeuilles de crypto-monnaie

Les échanges et portefeuilles de crypto-monnaies sont cruciaux pour les actifs numériques, facilitant les échanges, la liquidité et le stockage sécurisé. Les fonctionnalités, les précautions de sécurité et l'interface utilisateur des échanges et portefeuilles de crypto-monnaies les plus populaires seront abordés dans cette section. Comprendre le paysage des échanges et des portefeuilles est essentiel pour les particuliers et les entreprises qui cherchent à s'engager dans des transactions en crypto-monnaies tout en garantissant la sécurité et l'accessibilité de leurs actifs numériques.

Les bourses de crypto-monnaies servent de marchés numériques où les particuliers et les institutions peuvent acheter, vendre et échanger des crypto-monnaies. Ces plateformes fournissent de la liquidité, la découverte des prix et l'infrastructure nécessaire à l'exécution des transactions.

Biance est l'une des bourses les plus connues, offrant une large sélection de crypto-monnaies à négocier et des fonctionnalités avancées pour les traders expérimentés. Coinbase, une autre bourse bien connue, fournit une interface conviviale et prend en charge diverses crypto-monnaies, s'adressant à la fois aux traders débutants et plus avancés. Kraken, connu pour ses mesures de sécurité robustes et sa liquidité élevée, propose une gamme d'options de trading et des fonctionnalités avancées.

Les portefeuilles de crypto-monnaies sont des outils numériques permettant aux utilisateurs de stocker et de gérer leurs actifs numériques en toute sécurité. Les portefeuilles se présentent sous différentes formes, chacune offrant différents niveaux de sécurité et d'accessibilité.

Les portefeuilles matériels comme Ledger et Trésor sont des appareils physiques qui stockent les clés privées hors ligne. Ils offrent un haut niveau de sécurité en gardant les clés privées isolées des appareils connectés à Internet, les protégeant ainsi des menaces en ligne telles que le piratage ou les logiciels malveillants.

D'un autre côté, les portefeuilles logiciels sont des applications numériques qui s'exécutent sur des ordinateurs, des smartphones ou des navigateurs Web. Ils peuvent être classés en portefeuilles de bureau, mobiles et Web. Les portefeuilles de bureau comme Exodus et Électrum assurent le contrôle et la sécurité des clés privées sur l'ordinateur d'un utilisateur. Les portefeuilles mobiles tels que Trust Wallet et Atomic Wallet offrent commodité et accessibilité sur les smartphones. Les portefeuilles Web comme MyEtherWallet et MetaMask fonctionnent via un navigateur, permettant aux utilisateurs d'accéder à leurs fonds depuis n'importe quel appareil doté d'une connexion Inter net.

Plusieurs facteurs doivent être pris en compte lors de la sélection d'un échange ou d'un portefeuille de crypto-monnaies afin de garantir la meilleure expérience utilisateur et la meilleure sécurité.

Les mesures de sécurité doivent être robustes et englober des fonctionnalités telles que l'authentification à deux facteurs (2FA), le cryptage et le stockage à froid des fonds. L'accent mis sur les protocoles de sécurité permet de protéger les fonds des utilisateurs contre les tentatives de piratage et les accès non autorisés.

L'interface utilisateur et l'expérience sont des considérations importantes pour les échanges et les portefeuilles. Des interfaces intuitives, une navigation claire et des fonctionnalités conviviales contribuent à une expérience de trading ou de stockage transparente, en particulier pour les débutants.

La gamme de crypto-monnaies prises en charge est également cruciale, car les individus peuvent avoir des préférences et des stratégies d'investissement spécifiques. Vérifier que les crypto-monnaies souhaitées sont disponibles sur la plateforme choisie garantit une expérience de trading fluide.

La conformité réglementaire est une autre considération essentielle, car les bourses et les portefeuilles qui respectent les exigences réglementaires démontrent un engagement en faveur de la transparence et de la protection des utilisateurs.

Le paysage des échanges et des portefeuilles de crypto-monnaies évolue continuellement, stimulé par les tendances et innovations émergentes.

Les bourses décentralisées (DEX), telles que Uniswap et Sushi Swap, fonctionnent sur des réseaux blockchain, éliminant le besoin d'intermédiaires et offrant aux utilisateurs un contrôle total sur leurs fonds. Les DEUX offrent une

confidentialité accrue, des frais réduits et une meilleure résistance à la censure.

Les portefeuilles multisig (multi-signatures) nécessitent plusieurs clés privées pour autoriser les transactions, améliorant ainsi la sécurité en répartissant le contrôle entre de nombreuses parties et en réduisant le risque d'un point de défaillance unique.

Les services de garde, proposés par des bourses comme Gemini et Coinbase Custody, s'adressent aux investisseurs institutionnels et aux particuliers fortunés. Ces services offrent des niveaux supplémentaires de sécurité et de conformité réglementaire, ce qui les rend adaptés à la gestion de grands avoirs en crypto-monnaies.

Chapitre11 : Évaluerlesrisquesetlesrécompenses

Évaluer les risques et les avantages potentiels de l'investissement en crypto-monnaie

L'investissement en crypto-monnaie a attiré une attention considérable en tant qu'opportunité d'investissement lucrative. Cependant, cela comporte des risques et des avantages inhérents qui doivent être soigneusement évalués. Cette section explorera les risques et les récompenses potentiels associés à l'investissement en crypto-monnaie. Comprendre ces facteurs est essentiel pour les personnes qui envisagent d'entrer sur le marché des cryptomonnaies et de prendre des décisions d'investissement éclairées.

Les crypto-monnaies sont connues pour leur forte volatilité des prix et les fluctuations du marché. La valeur des crypto-monnaies peut connaître des fluctuations de prix rapides et significatives sur de courtes périodes. Une telle volatilité présente un risque pour les investisseurs, car elle peut rapidement entraîner des gains ou des pertes substantiels.

Le paysage réglementaire entourant les crypto-monnaies est en constante évolution. Différentes juridictions ont des approches différentes, créant un niveau d'incertitude pour les investisseurs. Des changements de réglementation ou des évolutions juridiques défavorables peuvent avoir un impact sur la valeur et la légalité des crypto-monnaies, affectant ainsi le sentiment des investisseurs et la stabilité du marché.

Les échanges et les portefeuilles de crypto-monnaies peuvent être sujets à des failles de sécurité et à des tentatives de piratage. Si une plateforme ou un portefeuille est compromis, les fonds des investisseurs peuvent courir un risque de vol ou de perte. Des mesures de sécurité appropriées, telles que l'authentification à deux facteurs (2FA) et les solutions de stockage frigorifique, sont essentielles pour atténuer ces risques.

Contrairement aux marchés financiers traditionnels, les crypto-monnaies fonctionnent en dehors du cadre réglementaire établi. Ce manque de protection des investisseurs signifie que les investisseurs peuvent disposer de recours limités en cas de fraude, d'escroquerie ou de manipulation de marché. Mener des recherches approfondies et faire preuve de diligence raisonnable sur les projets et les plateformes est essentiel pour minimiser le risque d'être victime d'activités frauduleuses.

Les marchés de crypto-monnaie, en particulier ceux à faible liquidité, peuvent être sujets à des manipulations de marché. Les investisseurs peu méfiants peuvent être trompés par des systèmes de pompage et de vidage, dans lesquels certaines personnes ou organisations augmentent artificiellement le prix d'une crypto monnaie avant de vendre leurs avoirs. Être conscient de ces stratagèmes et rester vigilant est essentiel pour protéger les investissements.

L'investissement en crypto-monnaie présente un potentiel de rendements importants. Les données historiques ont montré des cas de crypto-monnaies générant une croissance exponentielle, les premiers investisseurs récoltant des bénéfices substantiels. Les investissements dans des projets réussis peuvent générer des rendements importants s'ils sont détenus à long terme.

Les crypto-monnaies offrent une opportunité de diversification au sein d'un portefeuille d'investissement. En tant que classe d'actifs distincte, les crypto-monnaies ont une faible corrélation avec les marchés financiers traditionnels, tels que les actions et les obligations. L'inclusion de crypto-monnaies dans un portefeuille diversifié peut réduire les risques et améliorer les rendements.

Investir dans les crypto-monnaies permet aux individus de participer à l'innovation et aux perturbations technologiques. La technologie blockchain, qui sous-tend les crypto-monnaies, a le potentiel de révolutionner divers secteurs, tels que la finance, la gestion de la chaîne d'approvisionnement et la santé. Investir dans les crypto-monnaies permet aux individus de soutenir et de bénéficier du pouvoir transformateur de cette technologie.

Les crypto-monnaies permettent aux particuliers d'accéder aux marchés financiers mondiaux sans les limites des systèmes bancaires traditionnels. Grâce aux crypto-monnaies, les transactions peuvent être effectuées rapidement et à moindre coût, permettant ainsi des transactions transfrontalières et l'inclusion financière des populations mal desservies.

Investir dans les crypto-monnaies offre la possibilité d'être l'un des premiers à adopter des technologies et des projets émergents. Les premiers utilisateurs peuvent bénéficier de la croissance potentielle et du succès des projets innovants de blockchain et des effets de réseau associés qui peuvent stimuler l'adoption et augmenter la valeur des crypto-monnaies.

Les investisseurs doivent examiner attentivement le compromis risque-rendement associé à l'investissement en crypto-monnaie. Pour atténuer les risques et augmenter les chances de récompense, plusieurs stratégies peuvent être utilisées :

Une recherche approfondie sur les crypto-monnaies, les projets et les équipes est cruciale avant de prendre une décision d'investissement. L'évaluation de facteurs tels que la technologie, l'équipe de développement, le potentiel d'adoption et les tendances du marché peut fournir un aperçu des risques et des récompenses potentiels d'un investissement particulier.

La diversification entre différentes crypto-monnaies peut aider à répartir le risque et potentiellement augmenter les chances de trouver des investissements réussis. Investir dans une combinaison de crypto-monnaies établies et de projets émergents prometteurs peut offrir un équilibre entre stabilité et potentiel de croissance.

Les marchés des crypto-monnaies peuvent être très volatils à court terme. Adopter une perspective à long terme peut aider les investisseurs à surmonter les fluctuations du marché et à bénéficier de la croissance globale du marché des crypto-monnaies. Détenir patiemment des investissements tout au long des cycles du marché peut augmenter la probabilité de capturer des récompenses potentielles.

La mise en œuvre de stratégies de gestion des risques, telles que la définition d'ordres stop-loss ou l'utilisation de la moyenne des coûts en dollars, peut aider à protéger les investissements et à atténuer les pertes potentielles. Ces stratégies permettent aux investisseurs de fixer des seuils de vente prédéterminés ou d'investir progressivement au fil du temps, réduisant ainsi l'impact de la volatilité des marchés à court terme.

Volatilité du marché et son impact sur les investissements en crypto monnaies

La volatilité du marché est une caractéristique inhérente au paysage des crypto-monnaies. Les prix des crypto-monnaies peuvent connaître des fluctuations importantes sur de courtes périodes, présentant à la fois des opportunités et des défis pour les investisseurs. Cette section explorera le concept de volatilité du marché et son impact sur les investissements en crypto monnaies. Comprendre la dynamique de la volatilité est essentiel pour les personnes cherchant à investir dans les cryptomonnaies et à prendre des décisions éclairées sur ce marché dynamique.

La volatilité du marché mesure le taux et l'ampleur des variations de prix subies par un actif financier au cours d'une période donnée. Dans le contexte des cryptomonnaies, une forte volatilité est une caractéristique courante, les prix connaissant souvent des fluctuations rapides et importantes. Des facteurs tels que la dynamique de l'offre et de la demande du marché, le sentiment des investisseurs, l'évolution de la réglementation, les progrès technologiques, les facteurs macroéconomiques et les événements d'actualité contribuent à la volatilité des crypto-monnaies.

La volatilité du marché a des implications importantes pour les investissements en crypto monnaies, comme indiqué ci-dessous :

Les fluctuations rapides des prix associées à la volatilité du marché présentent des risques inhérents pour les investisseurs en crypto monnaies. Même si la volatilité peut conduire à des gains substantiels, elle augmente également le potentiel de pertes importantes sur de courtes périodes. Les investisseurs doivent être préparés aux inconvénients potentiels de la volatilité et comprendre les risques qui y sont associés.

Une forte volatilité des marchés peut susciter des réactions émotionnelles et influencer le comportement des investisseurs. Lorsque les prix augmentent rapidement, les investisseurs peuvent effectuer des achats irréfléchis par peur de rater quelque chose (FOMO), ce qui pourrait entraîner une inflation des prix. À l'inverse, des ventes de peur et de panique peuvent survenir lors de fortes baisses de prix, entraînant une plus grande instabilité du marché.

La volatilité du marché des cryptomonnaies crée des opportunités commerciales pour les traders et spéculateurs actifs. Les traders qui peuvent prédire avec précision les mouvements de prix et réagir rapidement peuvent profiter des fluctuations de prix à court terme. Cependant, il est essentiel de noter que spéculer sur des marchés volatils comporte des risques importants et nécessite des connaissances et une expérience avancées.

La volatilité des cryptomonnaies peut affecter la performance des portefeuilles d'investissement. L'inclusion de crypto-monnaies dans un portefeuille peut offrir l'opportunité d'améliorer les rendements et de diversifier les risques. Cependant, la forte volatilité des crypto-monnaies peut également augmenter le risque du portefeuille si elle n'est pas correctement gérée. Les investisseurs doivent examiner attentivement l'impact de la volatilité des cryptomonnaies sur leur stratégie globale de portefeuille.

Plusieurs stratégies peuvent être utilisées pour atténuer l'effet de la volatilité du marché sur les investissements en crypto-monnaie :
La diversification est une stratégie clé pour gérer la volatilité des investissements en crypto monnaies. La répartition des investissements entre différentes crypto-monnaies et autres classes d'actifs permet d'atténuer l'impact des

fluctuations de prix. Un portefeuille diversifié peut réduire le risque associé aux crypto-monnaies individuelles et augmenter les chances de générer des rendements positifs.

Adopter une approche d'investissement à long terme peut contribuer à atténuer l'impact à court terme de la volatilité des marchés. En se concentrant sur la valeur fondamentale et les perspectives à long terme des crypto-monnaies, les investisseurs peuvent naviguer dans les fluctuations de prix à court terme et bénéficier de la croissance potentielle de l'ensemble du marché.

Une recherche approfondie et une analyse fondamentale sont essentielles pour prendre des décisions d'investissement éclairées. L'évaluation de la technologie des crypto-monnaies, de l'équipe de développement, du potentiel d'adoption et des tendances du marché peut fournir un aperçu de leur viabilité à long terme et aider les investisseurs à faire des choix d'investissement judicieux.

La moyenne des coûts en dollars est une stratégie dans laquelle les investisseurs investissent régulièrement un montant fixe dans les crypto-monnaies, quel que soit leur prix. Cette approche réduit l'impact des fluctuations de prix à court terme et permet aux investisseurs d'accumuler des crypto-monnaies à un coût moyen au fil du temps.

Des facteurs externes, tels que les évolutions réglementaires, les facteurs économiques mondiaux et les événements médiatiques et d'actualité, peuvent avoir un impact significatif sur la volatilité du marché dans le domaine des crypto monnaies :

Les changements de réglementation ou l'introduction de nouvelles lois peuvent affecter le sentiment du marché des crypto-monnaies, la liquidité et l'adoption globale des crypto-monnaies. Les investisseurs doivent rester informés des évolutions réglementaires et de leur impact potentiel sur le marché.

Les marchés des crypto-monnaies peuvent être influencés par des facteurs économiques plus larges tels que les taux d'intérêt, l'inflation, les événements géopolitiques et les indicateurs macroéconomiques. Ces facteurs externes peuvent amplifier la volatilité du marché et entraîner des mouvements de prix sur le marché des crypto-monnaies. Comprendre les tendances économiques mondiales est essentiel pour comprendre l'impact potentiel des investissements en cryptomonnaies.

La couverture médiatique et les événements d'actualité peuvent avoir un impact profond sur le sentiment du marché des crypto-monnaies. Des nouvelles positives ou négatives concernant des failles de sécurité, des décisions réglementaires, des avancées technologiques ou une adoption institutionnelle majeure peuvent déclencher des mouvements de prix importants. La connaissance des événements d'actualité et l'évaluation critique de leur impact potentiel sur le marché peuvent aider les investisseurs à prendre des décisions éclairées.

Comprendre les tendances et les indicateurs du marché

Les investissements dans les crypto-monnaies ont gagné en popularité ces dernières années, en raison du potentiel de rendement élevé et de l'innovation technologique. Cependant, naviguer sur le marché volatil des cryptomonnaies nécessite une compréhension approfondie des tendances et des indicateurs du marché. Cette section explorera l'importance de comprendre les tendances et les indicateurs du marché dans les investissements en crypto-monnaies. Les investisseurs peuvent prendre des décisions éclairées, identifier les opportunités et gérer les risques en analysant les tendances du marché et en utilisant des indicateurs pertinents.

La direction générale des changements de prix sur une période donnée est appelée tendance du marché. Comprendre et analyser les tendances du marché peut fournir des informations précieuses sur le comportement des crypto-monnaies et aider les investisseurs à prendre des décisions d'investissement éclairées.

Les marchés des crypto-monnaies ont connu à la fois des marchés haussiers et baissiers. Des mouvements de prix soutenus à la hausse caractérisent les marchés haussiers, tandis que les marchés baissiers impliquent des périodes prolongées de baisse des prix. Reconnaître et interpréter ces tendances du marché est crucial pour déterminer les points d'entrée et de sortie des investissements en crypto monnaies.

Les tendances du marché ont un impact significatif sur le sentiment des investisseurs. Les tendances positives peuvent alimenter l'optimisme et encourager l'investissement, tandis que les tendances négatives peuvent susciter la peur et une réticence à investir. Comprendre les tendances du marché permet aux investisseurs d'évaluer le sentiment du marché et de prendre des décisions alignées sur les conditions du marché.

L'analyse des prix est un outil fondamental pour comprendre les tendances du marché. Cela implique d'examiner les données historiques sur les prix, les modèles graphiques et les tendances des prix pour identifier les modèles et les futurs mouvements potentiels des prix. Des techniques telles que les niveaux de support et de résistance, les moyennes mobiles et les lignes de tendance aident à analyser les modèles et les tendances des prix.

Le volume des transactions donne un aperçu du niveau d'activité et de la liquidité du marché. L'analyse du volume des transactions en conjonction avec les mouvements de prix peut indiquer la force et la validité des tendances du marché. Le volume élevé des échanges lors des hausses ou des baisses de prix peut confirmer la présence d'une tendance.

La capitalisation boursière, calculée en multipliant le prix d'une crypto monnaie par son offre en circulation, reflète sa valeur et sa taille globales. La surveillance des changements dans la capitalisation boursière peut aider à identifier les changements dans le sentiment des investisseurs et les tendances du marché. La comparaison de la capitalisation boursière de différentes crypto-monnaies donne un aperçu de leurs positions relatives sur le marché.

L'analyse des sentiments évalue l'opinion du public à l'égard des crypto-monnaies, souvent sur la base de l'activité des médias sociaux et de l'opinion des médias. La surveillance des plateformes de médias sociaux, des forums et des articles de presse peut aider à évaluer le sentiment du marché et à identifier les tendances potentielles. Cependant, l'analyse des sentiments doit être complétée par d'autres indicateurs pour éviter de se fier uniquement à des opinions subjectives.

L'analyse technique utilise des données historiques sur les prix et les volumes pour prévoir les mouvements futurs des prix. En utilisant divers indicateurs techniques et modèles graphiques, les investisseurs peuvent identifier les tendances, les niveaux de support et de résistance, ainsi que les points d'entrée et de sortie potentiels. L'analyse technique aide les investisseurs à prendre des décisions en fonction des données et des tendances du marché plutôt que des émotions ou de la spéculation.

En prenant en compte des éléments tels que la technologie, l'adoption, l'équipe, les partenariats et la demande du marché, l'analyse fondamentale détermine la valeur sous-jacente des crypto-monnaies. Comprendre les fondamentaux sous-jacents peut fournir un aperçu du potentiel de croissance à long terme et aider les investisseurs à identifier les crypto-monnaies dotées de fondamentaux solides qui correspondent aux tendances du marché.

Les tendances et les indicateurs du marché sont pertinents à la fois pour les stratégies d'investissement à long terme et pour le trading à court terme. Les investisseurs à long terme se concentrent sur l'identification des tendances qui correspondent à leurs objectifs d'investissement et maintiennent leurs positions sur des périodes prolongées. Les traders à court terme, quant à eux, utilisent des indicateurs techniques et des tendances du marché pour capturer les mouvements de prix à court terme et générer des gains potentiels.

Comprendre les tendances et les indicateurs du marché est essentiel pour une gestion efficace des risques liés aux investissements en crypto monnaies. En identifiant les retournements ou ralentissements potentiels du marché, les investisseurs peuvent utiliser des stratégies d'atténuation des risques telles que la définition d'ordres stop-loss, la diversification des portefeuilles et la gestion de la taille des positions. La gestion des risques permet de protéger les investissements et de minimiser les pertes potentielles.

L'analyse des tendances et des indicateurs du marché permet aux investisseurs d'identifier des opportunités potentielles. En reconnaissant les tendances émergentes ou les changements positifs dans le sentiment du marché, les investisseurs peuvent se positionner pour profiter des augmentations de prix potentielles ou des projets émergents. Une prise de décision opportune basée sur les tendances du marché augmente la probabilité de saisir des opportunités rentables.

Analyser les performances historiques et les modèles de prix

L'analyse des performances historiques et des modèles de prix est un aspect essentiel de l'investissement en crypto-monnaie. En examinant les mouvements de prix passés et en identifiant les modèles récurrents, les investisseurs peuvent avoir un aperçu des tendances futures potentielles et prendre des décisions d'investissement éclairées. Cette section explorera l'importance de l'analyse des performances historiques et des modèles de prix dans les investissements en crypto-monnaies. Comprendre ces modèles permet aux investisseurs de naviguer avec plus de confiance sur le marché dynamique des cryptomonnaies et d'augmenter leurs chances d'obtenir des résultats d'investissement favorables.

L'analyse des performances historiques implique d'étudier les mouvements de prix passés et d'évaluer les performances des crypto-monnaies sur des périodes spécifiques. Cette analyse fournit des informations précieuses sur le comportement des crypto-monnaies et leur orientation future potentielle, aidant ainsi les investisseurs à prendre des décisions éclairées.

En étudiant les performances historiques, les investisseurs peuvent identifier des modèles et des tendances susceptibles de se répéter à l'avenir. Les tendances des prix, les niveaux de support et de résistance, ainsi que les tendances du marché peuvent tous fournir des informations importantes sur les points d'entrée et de sortie possibles, le sentiment du marché et la probabilité de changements de prix.

L'analyse des performances historiques permet aux investisseurs d'évaluer le risque et le rendement associés aux crypto-monnaies. L'examen de la volatilité historique des prix, des taux de croissance et des baisses aide les investisseurs à comprendre les risques potentiels impliqués et à définir des attentes réalistes quant aux retours sur investissement de leurs investissements.

Les graphiques de prix affichent les mouvements historiques des prix des crypto-monnaies sur des périodes spécifiques. Les types de graphiques courants incluent les graphiques linéaires, les graphiques à barres et les graphiques en chandeliers. Différentes périodes, telles que quotidiennes, hebdomadaires ou mensuelles, fournissent différents niveaux de détail et peuvent révéler différents modèles et tendances de prix.

Les moyennes mobiles lissent les données de prix sur une période spécifique, fournissant ainsi un indicateur de suivi de tendance. Les moyennes mobiles les plus couramment utilisées sont la moyenne mobile simple (SMA) et la moyenne mobile exponentielle (EMA). En comparant le prix actuel aux moyennes mobiles, les investisseurs peuvent évaluer la force et la direction de la tendance.

Les prix susceptibles de subir une pression d'achat ou de vente sont appelés niveaux de support et de résistance pour les crypto-monnaies. Les niveaux de support agissent comme un plancher, empêchant les prix de baisser davantage, tandis que les niveaux de résistance agissent comme un plafond, empêchant les prix de monter plus haut. L'identification de ces niveaux aide les investisseurs à déterminer les retournements de prix potentiels ou les points de cassure.

Les modèles graphiques sont des formations récurrentes sur les graphiques de prix qui indiquent les futurs mouvements potentiels des prix. Les exemples incluent le motif tête et épaules, le motif double haut ou bas et les triangles ascendants ou descendants. Reconnaître ces tendances peut aider les investisseurs à anticiper les renversements de prix ou la poursuite des tendances.

L'analyse technique utilise une analyse des performances historiques, des modèles graphiques et des indicateurs pour prévoir les mouvements futurs des prix. En utilisant divers outils techniques, tels que les moyennes mobiles, les niveaux de support et de résistance et les modèles graphiques, les investisseurs peuvent identifier les points d'entrée et de sortie potentiels de leurs investissements.

L'analyse des performances historiques aide à identifier les tendances, telles que les tendances haussières, baissières ou latérales. Comprendre la tendance dominante permet aux investisseurs d'aligner leurs stratégies d'investissement en conséquence, qu'il s'agisse d'acheter et de conserver pendant une tendance haussière ou d'utiliser des techniques de vente à découvert pendant une tendance baissière.

L'analyse des performances historiques aide les investisseurs à évaluer le risque associé à des crypto-monnaies spécifiques. En examinant la volatilité historique des prix, les baisses et la corrélation historique avec d'autres actifs, les investisseurs peuvent évaluer les risques potentiels impliqués et ajuster leurs stratégies de gestion des risques en conséquence.

Même si l'analyse des performances historiques fournit des informations précieuses, elle ne doit pas constituer la seule base des décisions d'investissement. Le marché des cryptomonnaies est extrêmement volatil et sensible à un certain nombre de variables externes, ce qui rend difficile de s'appuyer uniquement sur des modèles historiques. Les investisseurs doivent compléter l'analyse des performances historiques par une recherche fondamentale et une compréhension de la dynamique du marché.

Les marchés des cryptomonnaies sont relativement jeunes et peuvent présenter des changements rapides et des tendances émergentes. Les données historiques peuvent ne pas refléter toutes les configurations ou tendances potentielles des prix qui pourraient survenir à l'avenir. Les investisseurs doivent se tenir informés des évolutions actuelles du marché et adapter leurs stratégies en conséquence.

Les modèles et indicateurs de prix historiques ne sont pas infaillibles et peuvent produire de faux signaux ou des modèles peu fiables. Les investisseurs doivent faire preuve de prudence et utiliser plusieurs indicateurs et sources d'information pour confirmer leurs décisions d'investissement.

Introduction aux stratégies de gestion des risques

Les investissements en crypto-monnaie offrent un potentiel de rendement important, mais ils comportent également des risques inhérents. Les investisseurs doivent mettre en œuvre des mesures efficaces de gestion des risques pour traverser efficacement le marché volatil et changeant des crypto-monnaies. Cette section abordera plusieurs techniques d'atténuation des risques et l'importance de la gestion des risques pour l'investissement en crypto-monnaie. En comprenant et en mettant en œuvre ces stratégies, les investisseurs peuvent protéger leurs investissements et augmenter leurs chances de réussir à long terme sur le marché des crypto-monnaies.

Les investissements en crypto-monnaie sont associés à divers risques, notamment la volatilité du marché, les incertitudes réglementaires, les failles de sécurité et les risques technologiques. La réalisation des objectifs d'investissement peut être entravée et des pertes financières importantes peuvent résulter d'une mauvaise gestion des risques.

Une gestion efficace des risques vise à préserver le capital en minimisant l'impact des événements défavorables sur les marchés. En mettant en œuvre des stratégies appropriées, les investisseurs peuvent limiter les pertes potentielles et protéger leur capital d'investissement, leur permettant ainsi de continuer à participer au marché.

Les stratégies de gestion des risques permettent aux investisseurs d'optimiser les rendements ajustés au risque. En gérant le risque de baisse, les investisseurs peuvent améliorer la performance globale de leur portefeuille et augmenter leurs chances d'obtenir des résultats d'investissement favorables.

La diversification est une stratégie fondamentale de gestion des risques. Les investisseurs peuvent réduire leur exposition au risque associé à n'importe quelle crypto-monnaie en répartissant leurs actifs entre diverses crypto-monnaies. La diversification permet d'atténuer l'impact de la volatilité et des pertes potentielles, car les pertes sur un investissement peuvent être compensées par les gains sur d'autres.

Les ordres stop-loss sont des ordres de vente prédéterminés qui sont déclenchés lorsque le prix d'une crypto monnaie atteint un niveau spécifié. En définissant des ordres stop-loss, les investisseurs peuvent limiter les pertes potentielles en vendant automatiquement leurs avoirs si les prix baissent au-delà d'un seuil prédéterminé. Les ordres stop-loss aident à se protéger contre un risque de baisse important et à minimiser la prise de décision émotionnelle.

La taille des positions fait référence à la détermination de l'allocation de capital appropriée pour chaque investissement en crypto-monnaie. En tenant compte de facteurs tels que la tolérance au risque, les objectifs d'investissement et le risque potentiel associé à chaque investissement, les investisseurs peuvent répartir leur capital de manière à équilibrer les rendements potentiels et la gestion des risques. Un dimensionnement approprié des positions permet de garantir qu'aucun investissement n'a d'impact significatif sur l'ensemble du por tefeuille.

La moyenne des coûts en dollars consiste à investir régulièrement un montant fixe dans des crypto-monnaies, quel que soit le prix en vigueur. Cette stratégie permet d'atténuer l'impact des fluctuations de prix à court terme en étalant les achats de placements dans le temps. En investissant systématiquement dans les crypto-monnaies, les investisseurs peuvent réduire l'impact de la volatilité des marchés et bénéficier d'une appréciation potentielle des prix sur le long terme.

Des recherches approfondies et une diligence raisonnable sont des pratiques essentielles de gestion des risques. Les investisseurs doivent mener des recherches approfondies sur les crypto-monnaies, leur technologie sous-jacente, les équipes de développement, les tendances du marché et les risques potentiels. En comprenant profondément les investissements, les investisseurs peuvent prendre des décisions éclairées et éviter les pièges potentiels associés aux escroqueries ou aux projets peu performants.

Le stockage des crypto-monnaies dans des portefeuilles froids ou des solutions de stockage hors ligne améliore la sécurité et atténue le risque de piratage ou de vol. Le stockage à froid maintient les clés privées hors ligne, réduisant ainsi la vulnérabilité des fonds aux attaques en ligne. En adoptant des pratiques de stockage frigorifique, les investisseurs peuvent protéger leurs actifs et minimiser le risque de perte de fonds en raison de failles de sécurité.

Les comptes de crypto-monnaies sont rendus plus sécurisés en activant l'authentification à deux facteurs. En exigeant une deuxième étape de vérification, comme un code unique généré sur un appareil mobile, 2FA aide à empêcher tout accès non autorisé aux fonds. La mise en œuvre de 2FA réduit le risque de transactions non autorisées et protège les actifs des investisseurs.

Les changements réglementaires peuvent avoir un impact significatif sur le marché des crypto-monnaies. En restant informés des évolutions réglementaires et des changements de législation, les investisseurs peuvent anticiper les changements potentiels dans la dynamique du marché. La surveillance des mises à jour réglementaires aide les investisseurs à ajuster de manière proactive leurs stratégies d'investissement et à atténuer les risques potentiels associés aux incertitudes réglementaires.

La réévaluation régulière du portefeuille d'investissement est cruciale pour une gestion efficace des risques. À mesure que les conditions du marché et les crypto-monnaies évoluent, les investisseurs devraient revoir leurs avoirs en tenant compte de facteurs tels que la performance, les tendances du marché et l'évolution des profils de risque. Les investisseurs peuvent optimiser l'exposition au risque et s'adapter aux changements du marché en gérant activement le portefeuille et en effectuant les ajustements nécessaires.

ChapitreIII :Construireunportefeuillediversifiéde crypto-monnaies

Importance de la diversification pour réduire les risques

Les investissements en crypto-monnaies ont gagné en attention et en popularité ces dernières années. Cependant, la nature volatile et imprévisible du marché des cryptomonnaies présente des risques inhérents pour les investisseurs. Pour atténuer ces risques, la diversification apparaît comme une stratégie clé de gestion des risques. Cette section explorera l'importance de la diversification pour réduire le risque lié aux investissements en crypto monnaies. En répartissant les investissements sur différentes crypto-monnaies et classes d'actifs, les investisseurs peuvent minimiser l'exposition aux risques individuels et améliorer la stabilité globale de leurs portefeuilles.

Les marchés des crypto-monnaies sont notoirement volatils. Les prix peuvent fluctuer rapidement et considérablement, entraînant des gains potentiels mais aussi des pertes substantielles. La volatilité représente un risque considérable pour le capital des investisseurs, ce qui rend crucial l'adoption de stratégies de gestion des risques.

Le paysage réglementaire entourant les crypto-monnaies continue d'évoluer. Les changements de réglementation ou l'introduction de nouvelles lois peuvent avoir un impact sur le sentiment du marché, la liquidité et l'adoption des crypto-monnaies. L'incertitude réglementaire ajoute un niveau de risque que les investisseurs doivent prendre en compte.

Le risque de failles de sécurité et de piratage est une préoccupation importante dans le domaine des crypto-monnaies. Les bourses et les portefeuilles peuvent être vulnérables aux cyberattaques, entraînant une perte ou un vol potentiel de fonds. L'absence de surveillance centralisée accroît l'importance de protéger les investissements contre les risques de sécurité.

La diversification répartit les investissements entre différentes crypto-monnaies et autres classes d'actifs. Il vise à réduire le risque de concentration en allouant du capital à divers investissements. L'objectif est de créer un portefeuille indépendant de la performance d'un seul investissement ou actif.

La diversification permet aux investisseurs de minimiser l'exposition aux risques individuels associés à des crypto-monnaies spécifiques. Investir dans diverses crypto-monnaies permettra aux investisseurs de répartir leur risque sur différents projets, technologies et segments de marché. Cela réduit l'impact de la mauvaise performance d'un investissement sur l'ensemble du portefeuille.

La diversification permet d'atténuer l'impact de la volatilité des marchés sur un portefeuille. Les cryptomonnaies peuvent connaître d'importantes fluctuations de prix, mais toutes n'évoluent pas dans la même direction ni au même moment. En détenant un portefeuille diversifié, les investisseurs peuvent bénéficier de la performance positive de certaines crypto-monnaies, ce qui peut compenser la performance négative d'autres lors de périodes volatiles.

Les investisseurs peuvent diversifier leurs avoirs en crypto-monnaies en répartissant leur capital entre diverses crypto-monnaies. Cela implique de sélectionner des crypto-monnaies avec différentes technologies sous-jacentes, cas d'utilisation et positions sur le marché. En se diversifiant sur plusieurs crypto-monnaies, les investisseurs réduisent leur exposition aux risques spécifiques à chaque projet.

En combinant des classes d'actifs traditionnelles avec des crypto-monnaies dans un portefeuille, comme des obligations, des actions ou des matières premières, la diversification peut être encore accrue. Cette approche exploite les avantages de la diversification au-delà du marché des cryptomonnaies, offrant une exposition à différents secteurs et réduisant l'impact de la volatilité du marché des cryptomonnaies sur l'ensemble du portefeuille.

Les investisseurs doivent tenir compte des profils de risque des différentes crypto-monnaies lors de la diversification de leurs portefeuilles. Certaines crypto-monnaies peuvent présenter des profils de risque plus élevés en raison de leur développement précoce, des incertitudes réglementaires ou des défis technologiques. Il est essentiel d'équilibrer le compromis risque-récompense lors de la sélection d'un portefeuille diversifié.

La diversification améliore la stabilité du portefeuille en réduisant l'impact de la performance des investissements individuels sur l'ensemble du portefeuille. Lorsque certains investissements connaissent de mauvaises performances, d'autres peuvent compenser les pertes, ce qui se traduit par une valeur de portefeuille plus stable au fil du temps.

La diversification peut conduire à des rendements ajustés au risque plus élevés.

En répartissant les investissements sur différentes crypto-monnaies et classes d'actifs, les investisseurs peuvent obtenir des rendements positifs dans diverses conditions de marché tout en gérant les risques de baisse.

Les investisseurs doivent tenir compte de la corrélation entre les différentes crypto-monnaies lors de la diversification de leurs portefeuilles. Le degré de relation entre les variations de prix de deux actifs est mesuré par corrélation. L'inclusion de crypto-monnaies ayant une corrélation faible ou négative peut offrir des avantages de diversification plus importants.

Différents types de crypto monnaies à considérer

Le marché des cryptomonnaies a connu une croissance et une innovation considérables depuis l'introduction du Bitcoin, la première monnaie numérique décentralisée. Aujourd'hui, il existe des milliers de crypto-monnaies disponibles, chacune ayant des fonctionnalités et des objectifs uniques. Cette section explorera différents types de crypto-monnaies à prendre en compte lors de la création d'un portefeuille diversifié. En comprenant les caractéristiques et les cas d'utilisation des différentes crypto-monnaies, les investisseurs peuvent prendre des décisions éclairées et exploiter le potentiel de ce marché en évolution rapide.

Bitcoin, introduit en 2009, est la première et la plus connue des crypto-monnaies. Il fonctionne sur un réseau blockchain décentralisé, permettant des transactions peer-to-peer sans intermédiaire. Les principales fonctions du Bitcoin sont d'agir comme une réserve de valeur et une monnaie numérique. Son offre est limitée, ce qui contribue à sa rareté et à son appréciation potentielle à long terme. L'importance du Bitcoin sur le marché des crypto-monnaies en fait un élément essentiel pour les investisseurs.

Ethereum, lancé en 2015, a introduit une fonctionnalité révolutionnaire : les contrats intelligents. Le développement d'applications décentralisées (DApps) et de projets basés sur la blockchain est rendu possible par ces contrats auto-exécutables. La crypto-monnaie native d'Ethereum, Ether (ETH), alimente ces applications et encourage les participants au réseau. Les capacités innovantes de Ethereum et son écosystème dynamique en font un acteur de premier plan dans le domaine des crypto-monnaies.

Les Stable Coins sont un type de crypto-monnaie conçu pour minimiser la volatilité des prix. Ils sont généralement liés à un actif stable, tel qu'une monnaie fiduciaire (par exemple le dollar américain) ou une matière première (par exemple l'or). Les Stable Coins constituent un moyen d'échange fiable et une réserve de valeur, offrant une stabilité dans un marché volatil. Tether (USDT), USD Coin (USDC) et Dai (DAI) sont des exemples de pièces stables populaires qui visent à maintenir un ratio de 1:1 avec l'actif sous-jacent.

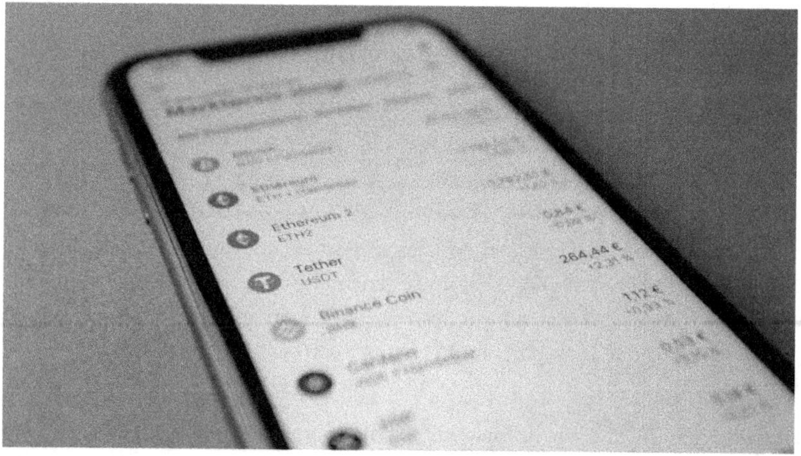

Les crypto-monnaies axées sur la confidentialité donnent la priorité à la confidentialité et à l'anonymat des transactions. Ces crypto-monnaies utilisent des techniques cryptographiques avancées pour masquer les détails des transactions, protégeant ainsi la confidentialité des utilisateurs. Monero (XMR) et Cash (ZEC) sont des exemples frappants de crypto-monnaies axées sur la confidentialité. Ils offrent des fonctionnalités de confidentialité améliorées, telles que des signatures en anneau et des preuves sans connaissance, ce qui les rend attrayants pour les utilisateurs recherchant une confidentialité transactionnelle accrue.

La finance décentralisée, ou DéFi, fait référence à l'utilisation de la technologie blockchain et des crypto-monnaies pour recréer des systèmes financiers traditionnels sans intermédiaire. Les jetons DéFi permettent diverses activités financières via des contrats intelligents, tels que les prêts, les emprunts et les échanges. Les exemples incluent Aave (AAVE), Compound (COMP) et Uniswap (UNI). Les jetons DéFi exposent les investisseurs à l'écosystème croissant d'applications et de services financiers décentralisés.

Les crypto-monnaies de plate-forme et de protocole constituent la base du développement d'applications décentralisées et de réseaux blockchain. Ces crypto-monnaies fournissent l'infrastructure et les outils nécessaires pour créer et déployer des projets basés sur la blockchain. Les exemples incluent Finance Coin (BNB), Cardano (ADA) et Polkadot (DOT). Investir dans les crypto-monnaies de plate-forme et de protocole offre une exposition à la croissance potentielle des plates-formes blockchain sous-jacentes.

Les jetons utilitaires sont des crypto-monnaies avec des cas d'utilisation spécifiques au sein d'un écosystème blockchain particulier. Ces jetons sont souvent nécessaires pour accéder et utiliser des produits ou services spécifiques proposés par un projet blockchain. Les exemples incluent Basic Attention Token (BAT) pour le navigateur Brave et Chainlink (LINK) pour les services Oracle décentralisés. Comprendre l'utilité et la demande de ces jetons au sein de leurs écosystèmes respectifs est crucial lorsque l'on considère leur potentiel d'investissement.

Les jetons non fongibles (NFT) représentent des actifs numériques uniques sur la blockchain, tels que des œuvres d'art, des objets de collection et des biens immobiliers virtuels. Contrairement aux crypto-monnaies, les NFT sont indivisibles et ne peuvent pas être échangés de manière individuelle. Ils exploitent la technologie blockchain pour fournir une preuve de propriété et d'authenticité des actifs numériques. Les NFT ont récemment attiré une attention considérable, avec des plates-formes comme OpenSea basée sur Ethereum et NBA Top Shot basée sur Flow ouvrant la voie.

Les crypto-monnaies hybrides et inter-chaînes visent à relier différents réseaux de blockchain, permettant l'interopérabilité et facilitant le transfert transparent d'actifs sur plusieurs plates-formes. Ces crypto-monnaies cherchent à relever le défi des écosystèmes blockchain cloisonnés. Les exemples incluent Cosmos (ATOM) et Polkadot (DOT). Investir dans des crypto-monnaies hybrides et inter-chaînes permet aux investisseurs d'exploiter le potentiel d'un écosystème blockchain connecté et interopérable.

Répartir le capital d'investissement entre différentes crypto-monnaies

La répartition du capital d'investissement entre différentes crypto-monnaies est fondamentale pour constituer un portefeuille diversifié sur le marché dynamique et en évolution des crypto-monnaies. Avec l'émergence de nombreuses crypto-monnaies, chacune ayant des caractéristiques et un potentiel uniques, les investisseurs peuvent capitaliser sur diverses perspectives d'investissement. Cette section explorera l'importance de l'allocation du capital d'investissement entre différentes crypto-monnaies et discutera des principales considérations pour la mise en œuvre d'une stratégie d'allocation efficace. Les investisseurs peuvent optimiser le profil risque-rendement de leur portefeuille et augmenter leurs chances de succès en étant conscients des avantages et des risques de la diversification.

La répartition du capital d'investissement entre différentes crypto-monnaies permet aux investisseurs de diversifier leur exposition aux risques. La diversification réduit l'impact de la mauvaise performance d'un seul investissement sur l'ensemble du portefeuille. En répartissant les investissements sur plusieurs crypto-monnaies, les investisseurs peuvent atténuer le risque associé à la volatilité et à l'imprévisibilité des actifs individuels.

Le marché des cryptomonnaies offre de nombreuses opportunités d'investissement au-delà des cryptomonnaies bien connues. L'allocation de capitaux d'investissement entre différentes crypto-monnaies permet aux investisseurs de capitaliser sur des projets émergents, des technologies innovantes et des segments de marché de niche. Cette expansion des opportunités d'investissement améliore le potentiel de croissance du capital et de diversification des investissements.

L'allocation de capitaux d'investissement entre différentes crypto-monnaies offre la possibilité de bénéficier d'actifs potentiels à forte croissance. Investir dans diverses crypto-monnaies peut capter le potentiel de hausse de projets prometteurs et des tendances du marché. Cette approche permet une exposition plus équilibrée aux différentes opportunités et augmente les chances d'obtenir des rendements favorables.

Les investisseurs doivent évaluer leur appétit pour le risque et leurs objectifs d'investissement lorsqu'ils allouent des capitaux entre crypto-monnaies. La tolérance au risque varie selon les individus, et différentes crypto-monnaies comportent différents niveaux de risque. Les investisseurs conservateurs peuvent allouer un pourcentage plus élevé de leur capital aux crypto-monnaies établies, telles que Bitcoin et Ethereum, tandis que les investisseurs plus agressifs peuvent être disposés à allouer une part plus importante aux crypto-monnaies émergentes ou à forte croissance.

Lors de l'évaluation d'investissements potentiels en cryptomonnaies, une étude approfondie et une diligence raisonnable sont cruciales. Les investisseurs doivent évaluer les principes fondamentaux de chaque cryptomonnaie, notamment la technologie, l'équipe, la demande du marché, le potentiel d'adoption et la concurrence. En effectuant une analyse complète, les investisseurs peuvent prendre des décisions éclairées concernant l'allocation de leur capital d'investissement.

Comprendre la dynamique et les tendances du marché est crucial pour une allocation efficace. Les tendances du marché peuvent influencer les performances de différentes crypto-monnaies, certaines surperformant d'autres dans des conditions de marché spécifiques. La surveillance des tendances du marché, de l'actualité et des évolutions réglementaires aide les investisseurs à identifier les opportunités et les risques potentiels, leur permettant ainsi d'ajuster leur stratégie d'allocation en conséquence.

Les investisseurs doivent viser un portefeuille équilibré et diversifié en répartissant le capital d'investissement entre différentes crypto-monnaies avec des profils de risque, des secteurs de marché et des cas d'utilisation variés.

L'allocation optimale dépend de la tolérance au risque, de l'horizon d'investissement et des préférences personnelles. Trouver un équilibre entre les crypto-monnaies bien établies, les projets émergents et les segments de marché de niche peut améliorer la stabilité du portefeuille et les rendements potentiels.

Les avoirs de base font référence à une allocation stratégique du capital d'investissement à des crypto-monnaies bien établies avec des antécédents éprouvés, une adoption généralisée et une capitalisation boursière importante. Ces titres de base assurent la stabilité et constituent des actifs fondamentaux dans le portefeuille. Bitcoin et Ethereum servent souvent de titres principaux en raison de leur domination du marché et de leur présence établie sur le marché.

Allouer une partie du capital d'investissement aux opportunités de croissance implique d'investir dans des crypto-monnaies émergentes à fort potentiel de croissance. Ces crypto-monnaies peuvent être associées à des technologies innovantes, à des cas d'utilisation disruptifs ou à des projets prometteurs. Bien qu'ils comportent un risque plus élevé, ils offrent la possibilité de réaliser des rendements substantiels si leur potentiel est réalisé. Des recherches approfondies et une évaluation minutieuse sont cruciales lors de l'examen des opportunités de croissance.

La gestion des risques doit faire partie intégrante de toute stratégie d'allocation. La définition d'ordres stop-loss, la mise en œuvre de techniques de dimensionnement des positions et la réévaluation régulière des investissements peuvent aider à gérer l'exposition au risque. Les stratégies de gestion des risques protègent les investissements contre des pertes importantes et garantissent que le risque est correctement équilibré au sein du portefeuille.

Il est essentiel de revoir et de rééquilibrer régulièrement le portefeuille pour maintenir l'allocation souhaitée. À mesure que les conditions du marché, la dynamique des projets et les objectifs des investisseurs évoluent, des ajustements peuvent être nécessaires pour aligner le portefeuille sur l'évolution des circonstances. Des examens périodiques permettent de garantir que l'allocation reste alignée sur la stratégie d'investissement et permettent des ajustements en temps opportun pour capitaliser sur de nouvelles opportunités ou atténuer les risques émergents.

Stratégies de sélection des crypto-monnaies ayant un potentiel de croissance

La sélection de crypto-monnaies présentant un potentiel de croissance est cruciale pour les investisseurs cherchant à capitaliser sur le marché dynamique et en évolution des crypto-monnaies. Avec des milliers de crypto-monnaies disponibles, chacune avec ses caractéristiques et son potentiel uniques, l'identification des crypto-monnaies prêtes à croître nécessite une analyse minutieuse et une prise de décision stratégique. Cette section explorera diverses stratégies de sélection de crypto-monnaies présentant un potentiel de croissance. En comprenant ces stratégies, les investisseurs peuvent améliorer leurs chances d'identifier des opportunités d'investissement prometteuses et de maximiser leurs rendements sur le marché des crypto-monnaies.

Évaluer la taille du marché et le potentiel d'adoption d'une crypto monnaie est crucial pour déterminer son potentiel de croissance. Les crypto-monnaies avec un vaste marché adressable et une base d'utilisateurs croissante ont des perspectives de croissance plus élevées. L'évaluation de la demande du marché, des cas d'utilisation potentiels et des partenariats peut fournir un aperçu de la trajectoire de croissance d'une crypto-monnaie.

L'innovation et les perturbations technologiques sont les principaux moteurs de croissance dans le domaine des crypto-monnaies. Les crypto-monnaies qui introduisent des technologies innovantes ou perturbent les industries traditionnelles ont un potentiel de croissance important. L'évaluation du caractère unique et pratique de la technologie d'une crypto monnaie peut aider à identifier les projets présentant un potentiel de croissance.

La force et le dynamisme de l'écosystème et de la communauté d'une crypto monnaie sont essentiels à son potentiel de croissance. Un écosystème robuste comprend des développeurs actifs, des membres de la communauté solidaires et un réseau florissant d'applications et de services. L'analyse du niveau de développement de l'écosystème et de l'engagement communautaire peut fournir un aperçu des perspectives de croissance d'une crypto monnaie.

L'évaluation de la compétence et de l'expérience de l'équipe de projet et de la direction est essentielle pour identifier les crypto-monnaies présentant un potentiel de croissance. Une équipe solide possédant une expertise pertinente augmente les chances de réussite de l'exécution du projet. La recherche des antécédents, des références et des réalisations antérieures de l'équipe permet d'évaluer leur capacité à stimuler la croissance et à atteindre les objectifs du projet.

Le livre blanc et la feuille de route fournissent des informations essentielles sur la vision, les objectifs et les développements prévus d'une crypto-monnaie. Un livre blanc bien structuré décrit la technologie, les cas d'utilisation et les avantages concurrentiels du projet. La feuille de route met en évidence les étapes du projet et le calendrier de développement. L'évaluation de la clarté et de la faisabilité de la vision et de la feuille de route du projet aide à déterminer le potentiel de croissance.

Réaliser une analyse complète du marché et de la concurrence permet aux investisseurs d'identifier les crypto-monnaies présentant un avantage concurrentiel et un potentiel de croissance. L'analyse des tendances du marché, de la demande potentielle et des concurrents permet d'évaluer le positionnement d'une crypto monnaie sur le marché. Comprendre comment une cryptomonnaie se différencie de ses concurrents est crucial pour évaluer ses perspectives de croissance.

L'analyse des tendances et des modèles de prix fournit un aperçu des performances historiques d'une crypto-monnaie et de sa croissance future potentielle. Les outils d'analyse technique tels que les moyennes mobiles, les niveaux de support et de résistance et les modèles graphiques peuvent aider à identifier les tendances des prix et les points d'entrée ou de sortie potentiels. Comprendre le comportement des prix d'une crypto monnaie aide à évaluer son potentiel de croissance.

L'évaluation du volume et de la liquidité des échanges est essentielle pour identifier les crypto-monnaies présentant un potentiel de croissance. Un volume de transactions et une liquidité plus élevés indiquent l'intérêt du marché et une base d'investisseurs solide. Les crypto-monnaies disposant d'une liquidité
suffisante sont plus susceptibles d'attirer les investisseurs institutionnels et de connaître une plus grande stabilité des prix, améliorant ainsi leurs perspectives de croissance.

La surveillance de l'activité du réseau et des mesures d'adoption fournit un aperçu du potentiel de croissance d'une crypto-monnaie. Des mesures telles que les adresses actives, les transactions quotidiennes et l'activité des développeurs indiquent le niveau d'intérêt et d'engagement au sein du réseau de crypto-monnaies. L'activité et l'adoption croissante du réseau suggèrent un intérêt croissant et une croissance future potentielle.

L'évaluation du rapport risque-récompense est cruciale lors de la sélection des crypto-monnaies présentant un potentiel de croissance. Un potentiel de croissance plus élevé s'accompagne souvent d'un risque accru. Les investisseurs doivent évaluer les récompenses potentielles par rapport aux risques associés. Réaliser une évaluation approfondie des risques aide les investisseurs à prendre des décisions éclairées et à gérer efficacement leur exposition aux risques. La diversification du portefeuille de crypto-monnaies est une stratégie de gestion des risques importante. En répartissant le capital d'investissement entre différentes crypto-monnaies, les investisseurs peuvent atténuer le risque associé aux actifs individuels et améliorer la stabilité du portefeuille. La diversification répartit les risques et augmente le potentiel de saisie d'opportunités de croissance sur plusieurs crypto-monnaies. Une diligence raisonnable et des recherches approfondies sont essentielles lors de la sélection de crypto-monnaies présentant un potentiel de croissance. L'étude de l'historique, de la technologie, des partenariats et des antécédents d'une crypto-monnaie permet d'identifier les signaux d'alarme potentiels et d'évaluer sa viabilité à long terme. Rester informé des actualités, des évolutions réglementaires et des tendances du marché garantit une prise de décision éclairée.

La sélection de crypto-monnaies présentant un potentiel de croissance nécessite une approche stratégique et globale. En tenant compte de facteurs tels que la taille du marché, l'innovation technologique, le développement de l'écosystème, la compétence de l'équipe de projet et les tendances des prix, les investisseurs peuvent identifier les crypto-monnaies prêtes à croître.

L'analyse fondamentale peut mettre en lumière la vision, la viabilité et le positionnement d'une crypto monnaie sur le marché en examinant les livres blancs de projets, les feuilles de route et les environnements concurrentiels.

L'analyse technique aide à comprendre les tendances des prix et à identifier les points d'entrée ou de sortie potentiels. Les considérations de gestion des risques, la diversification du portefeuille et une diligence raisonnable approfondie sont essentielles pour gérer les risques et maximiser les rendements.

Le marché des crypto-monnaies est très volatil et influencé par diverses variables extérieures, il est essentiel de s'en souvenir. Mener des recherches continues, rester informé des évolutions réglementaires et adapter les stratégies aux conditions changeantes du marché sont essentiels pour réussir à naviguer sur la voie de la croissance des crypto-monnaies.

En conclusion, les investisseurs peuvent identifier les crypto-monnaies présentant un potentiel de croissance en utilisant une combinaison d'analyses fondamentales et techniques, en menant des recherches approfondies et en mettant en œuvre des stratégies efficaces de gestion des risques. Une évaluation minutieuse et une prise de décision stratégique permettent aux investisseurs de se positionner sur les opportunités potentielles offertes par le marché dynamique et en évolution des crypto-monnaies.

Équilibrer les investissements à long terme avec les opportunités de trading à court terme

L'investissement en crypto-monnaie offre une gamme d'opportunités, allant des investissements à long terme dans des projets prometteurs aux opportunités de trading à court terme motivées par la volatilité du marché. Il est essentiel d'équilibrer ces deux approches pour les investisseurs qui cherchent à maximiser les rendements et à gérer efficacement les risques sur le marché des crypto-monnaies. Cette section explorera l'importance d'équilibrer les investissements à long terme avec les opportunités de trading à court terme dans l'investissement en crypto-monnaie. Les investisseurs peuvent créer un plan d'investissement équilibré et conforme à leurs objectifs et à leur tolérance au risque en connaissant les avantages et les considérations à prendre en compte pour chaque approche.

Les investissements à long terme dans les crypto-monnaies ont un potentiel de croissance significatif. En identifiant des projets dotés de fondamentaux solides, d'une technologie innovante et de cas d'utilisation réels, les investisseurs peuvent se positionner pour obtenir des rendements substantiels au fil du temps. Les investissements à long terme bénéficient de l'appréciation de la valeur d'une crypto-monnaie à mesure que le projet mûrit, que son adoption augmente et que la demande du marché augmente.

Les cryptomonnaies sont à la pointe de l'innovation technologique. Les investissements à long terme permettent aux investisseurs de capitaliser sur les progrès de la technologie blockchain, de la finance décentralisée (DéFi) et des cas d'utilisation émergents. En soutenant des projets qui stimulent l'innovation, les investisseurs se positionnent pour bénéficier du potentiel de transformation des crypto-monnaies.

Les investissements à long terme bénéficient de l'effet cumulatif, dans lequel les rendements sont réinvestis pour accroître davantage l'investissement. À mesure que la valeur des crypto-monnaies augmente, les investisseurs peuvent accumuler davantage d'actifs, amplifiant ainsi leur potentiel de croissance. L'effet cumulatif est puissant sur le marché des crypto-monnaies, où une appréciation significative des prix peut se produire sur des périodes relativement courtes.

Le marché des cryptomonnaies est connu pour sa forte volatilité, créant des opportunités de trading à court terme. La volatilité permet aux traders de profiter des fluctuations des prix en achetant à bas prix et en vendant à un prix élevé dans des délais relativement courts. Les stratégies de trading à court terme comme le day trading ou le swing trading visent à exploiter la volatilité du marché et à capturer des bénéfices à court terme.

Le trading à court terme repose souvent sur l'analyse technique, qui implique l'étude de graphiques de prix, de modèles et d'indicateurs pour prédire les mouvements de prix à court terme. L'analyse technique peut offrir des informations pertinentes sur les tendances du marché, les niveaux de support et de résistance, ainsi que les points d'entrée et de sortie. Les traders utilisent ces indicateurs pour prendre des décisions éclairées et capitaliser sur les opportunités de trading à court terme.

Le trading à court terme offre l'avantage de la liquidité et de la flexibilité. Les traders peuvent entrer et sortir rapidement de leurs positions, profitant ainsi des opportunités de marché à mesure qu'elles se présentent. Le trading à court terme permet des ajustements plus fréquents des stratégies de trading en fonction de l'évolution des conditions du marché, des événements d'actualité et des tendances émergentes.

Les investisseurs doivent établir des objectifs d'investissement clairs pour guider leur processus de prise de décision. Les investissements à long terme conviennent aux investisseurs qui recherchent une croissance soutenue et sont prêts à résister à la volatilité des marchés. Le trading à court terme, en revanche, s'adresse à ceux qui sont à l'aise avec des transactions plus fréquentes et qui souhaitent tirer parti des mouvements de prix à court terme.

Équilibrer les investissements à long terme et les transactions à court terme implique une allocation d'actifs appropriée. Les investisseurs peuvent allouer une partie de leur capital à des investissements à long terme dans des crypto-monnaies bien documentées tout en consacrant une plus petite partie aux activités de trading à court terme. Cette allocation permet une croissance à long terme tout en profitant des opportunités de trading à court terme.

Une gestion efficace des risques est essentielle pour équilibrer les investissements à long terme et les transactions à court terme. Les investisseurs doivent définir des paramètres de risque, tels que des ordres stop-loss et des objectifs de profit, pour gérer le risque de baisse et protéger le capital. De plus, la diversification du portefeuille entre différentes crypto-monnaies et classes d'actifs peut aider à atténuer le risque et à répartir l'exposition.

Les investissements à long terme et les transactions à court terme nécessitent un apprentissage et une recherche continus. Les investisseurs doivent rester informés des tendances du marché, des développements technologiques, des changements réglementaires et des opportunités émergentes. Développer une solide compréhension des projets et de la dynamique du marché permet une prise de décision éclairée et améliore la capacité d'identifier le potentiel de croissance.

Équilibrer les investissements à long terme avec les transactions à court terme permet aux investisseurs d'accéder à un potentiel de rendement élevé. Les investissements à long terme bénéficient d'une croissance composée, tandis que les transactions à court terme profitent de la volatilité du marché et des mouvements de prix à court terme. Une approche équilibrée offre la possibilité de maximiser les rendements sur différents horizons d'investissement.

Équilibrer les investissements à long terme avec les transactions à court terme permet de gérer le risque et la volatilité. Les investissements à long terme offrent une stabilité et une appréciation potentielle, tandis que les transactions à court terme permettent de réaliser des bénéfices et d'atténuer les risques dans des conditions de marché volatiles. En diversifiant les stratégies, les investisseurs peuvent réduire l'impact des transactions ou des investissements individuels sur l'ensemble du portefeuille.

L'équilibre entre les investissements à long terme et les transactions à court terme doit correspondre aux préférences individuelles et à la tolérance au risque. Certains investisseurs peuvent préférer une approche plus conservatrice mettant davantage l'accent sur les investissements à long terme, tandis que d'autres peuvent être à l'aise avec une stratégie de trading plus active. Le solde doit refléter les objectifs d'investissement personnel et le niveau de confort.

Équilibrer les investissements à long terme avec les opportunités de trading à court terme est crucial pour parvenir à une stratégie d'investissement complète sur le marché des crypto-monnaies. Les investissements à long terme offrent un potentiel de croissance substantielle, capitalisent sur les progrès technologiques et bénéficient d'effets cumulatifs. Le trading à court terme permet de réaliser des bénéfices et de capitaliser sur la volatilité du marché.

En fixant des objectifs d'investissement clairs, en répartissant les actifs de manière appropriée, en gérant efficacement les risques et en apprenant et en effectuant des recherches continues, les investisseurs peuvent trouver un équilibre qui correspond à leurs objectifs et à leur tolérance au risque. Il est essentiel d'adapter cet équilibre au fil du temps à mesure que les conditions du marché, la dynamique du projet et les circonstances personnelles évoluent.

En conclusion, équilibrer les investissements à long terme avec les opportunités de trading à court terme permet aux investisseurs de capter le potentiel de croissance des crypto-monnaies tout en capitalisant sur la dynamique du marché à court terme. Une stratégie d'investissement équilibrée permet aux investisseurs de maximiser les rendements, de gérer les risques et de naviguer en toute confiance dans le paysage en constante évolution des crypto-monnaies.

ChapitreIV :Analysefondamentalepour l'investissement dans les crypto-monnaies

Comprendre l'analyse fondamentale et son application dans l'investissement en crypto-monnaie

L'analyse fondamentale est un outil crucial pour évaluer les opportunités d'investissement sur le marché des crypto-monnaies. Comprendre les fondements des crypto-monnaies est devenu de plus en plus important pour prendre des décisions d'investissement judicieuses à mesure que le marché se développe et évolue. Cette section explorera le concept d'analyse fondamentale et son application dans l'investissement en crypto-monnaie. En analysant la valeur intrinsèque, la technologie, l'équipe, l'adoption par le marché et d'autres facteurs clés, les investisseurs peuvent évaluer efficacement le potentiel et la valeur à long terme des crypto-monnaies.

L'analyse fondamentale aide les investisseurs à évaluer la valeur intrinsèque d'une crypto monnaie. Les investisseurs peuvent déterminer si une crypto monnaie est sous-évaluée ou surévaluée en évaluant des facteurs tels que la technologie sous-jacente, la demande du marché, les cas d'utilisation et le potentiel d'adoption. Cette évaluation est cruciale pour identifier les opportunités d'investissement présentant un potentiel de croissance à long terme.

L'analyse fondamentale permet aux investisseurs d'avoir un aperçu de la technologie derrière les crypto-monnaies. L'analyse de la pile technologique, des mécanismes de consensus, de l'évolutivité, de la sécurité et d'autres aspects techniques permet d'évaluer la viabilité et le potentiel d'une crypto-monnaie. Comprendre le niveau d'innovation technologique aide à identifier les projets bien placés pour une croissance future.

Le succès d'un projet de cryptomonnaie est grandement influencé par l'équipe qui y travaille. L'analyse fondamentale permet aux investisseurs d'évaluer l'expertise, l'expérience et les antécédents de l'équipe de projet et de la direction. Évaluer la capacité de l'équipe à exécuter la vision du projet et à relever les défis est essentiel pour évaluer la viabilité à long terme et la croissance potentielle d'une crypto monnaie.

L'analyse fondamentale aide les investisseurs à évaluer le niveau d'adoption du marché et la demande pour une crypto-monnaie. L'évaluation de facteurs tels que les partenariats, les cas d'utilisation réels, l'engagement communautaire et le développement de l'écosystème donne un aperçu du potentiel d'adoption généralisée. Comprendre l'adoption par le marché est essentiel pour identifier les crypto-monnaies susceptibles de devenir des normes de l'industrie.

L'analyse de la technologie sous-jacente d'une crypto monnaie est fondamentale pour évaluer son potentiel à long terme. L'évaluation de facteurs tels que l'évolutivité, la sécurité, les mécanismes de consensus et les effets de réseau aident à déterminer si la technologie peut soutenir la croissance et créer de la valeur à l'avenir.

L'analyse de marché évalue les tendances du marché, la concurrence, la demande potentielle et les considérations réglementaires. Comprendre la dynamique du marché et la manière dont une cryptomonnaie s'intègre dans le paysage industriel plus large permet d'identifier le potentiel de croissance et les défis potentiels.

L'analyse financière consiste à évaluer la santé financière et la durabilité d'un projet de cryptomonnaie. L'examen de facteurs tels que le financement du projet, les modèles de revenus, l'économie symbolique et la transparence financière permet d'évaluer la viabilité du projet et son potentiel de croissance à long terme.

L'évaluation de l'équipe de projet et de la direction est cruciale pour évaluer la capacité du projet à exécuter sa vision. L'évaluation de l'expertise, des antécédents et de la capacité de l'équipe à s'adapter aux conditions du marché permet de déterminer les perspectives à long terme du projet.

Une analyse fondamentale efficace nécessite de collecter des informations provenant de diverses sources, telles que des livres blancs, des sites Web de projets, des médias sociaux, des organes d'information et des forums communautaires. Mener des recherches approfondies permet de comprendre de manière globale le projet de crypto-monnaie et son écosystème.

L'évaluation de la technologie et de l'innovation d'une crypto-monnaie implique l'analyse de la documentation technique, des référentiels de code, de l'activité des développeurs et des partenariats. Cette évaluation permet de déterminer les atouts techniques du projet, ses limites potentielles et sa capacité à tenir ses promesses.

Analyser la dynamique du marché implique d'étudier les tendances du marché, la concurrence, les évolutions réglementaires et la demande potentielle du marché. Cette analyse fournit un aperçu de la position concurrentielle du projet, des barrières potentielles à l'entrée et de la probabilité d'adoption.

L'examen des paramètres financiers comprend l'évaluation du modèle de financement du projet, de l'économie symbolique et de la transparence financière. Cette analyse permet d'évaluer la stabilité financière du projet, le potentiel de génération de revenus et l'alignement des incitations pour les détenteurs de jetons.

Le marché volatil des cryptomonnaies et l'analyse fondamentale ne reflètent pas toujours les mouvements de prix à court terme. Le sentiment du marché à court terme et les facteurs spéculatifs peuvent influencer les fluctuations des prix, affectant ainsi la performance des crypto-monnaies malgré des fondamentaux positifs.

Le paysage réglementaire des crypto-monnaies évolue et peut présenter des risques pour les investissements. Des changements de réglementation ou des évolutions juridiques défavorables peuvent avoir un impact sur le potentiel de croissance et l'adoption des crypto-monnaies. L'analyse fondamentale doit prendre en compte l'impact potentiel des risques réglementaires et juridiques sur les perspectives d'investissement.

Le marché des crypto-monnaies est très innovant et évolue rapidement. Les progrès technologiques, la dynamique du marché et les taux d'adoption sont sujets à des incertitudes. L'analyse fondamentale doit être continuellement mise à jour pour refléter la nature et l'écosystème évolutifs des crypto-monnaies. L'analyse fondamentale joue un rôle essentiel dans l'évaluation des

opportunités
d'investissement sur le marché des cryptomonnaies. En comprenant la valeur intrinsèque, la technologie, l'équipe, l'adoption par le marché et d'autres facteurs clés, les investisseurs peuvent prendre des décisions éclairées qui correspondent à leurs objectifs d'investissement et à leur tolérance au risque.

Grâce à des recherches, des analyses et des évaluations approfondies, les investisseurs peuvent identifier les crypto-monnaies présentant un potentiel de croissance et une valeur à long terme. Cependant, il est essentiel de reconnaître les limites de l'analyse fondamentale, telles que la volatilité des marchés à court terme, les risques réglementaires et les incertitudes liées à la technologie et à son adoption.

En combinant l'analyse fondamentale avec d'autres stratégies, telles que l'analyse technique et les techniques de gestion des risques, les investisseurs peuvent développer une approche complète de l'investissement dans les cryptomonnaies. Un apprentissage continu, une mise à jour des tendances du marché et une réévaluation régulière des investissements sont essentiels pour s'adapter au paysage en constante évolution des cryptomonnaies et maximiser le potentiel d'investissement.

En conclusion, l'analyse fondamentale permet aux investisseurs de naviguer sur le marché des crypto-monnaies en évaluant les fondamentaux sous-jacents des crypto-monnaies. En exploitant la puissance de l'analyse fondamentale, les investisseurs peuvent prendre des décisions éclairées, identifier les opportunités de croissance et se positionner pour réussir dans le monde dynamique et évolutif de l'investissement dans les cryptomonnaies.

Évaluation de la technologie, de l'équipe et des partenariats derrière les crypto-monnaies

Lorsque vous investissez dans des crypto-monnaies, l'évaluation de la technologie, de l'équipe et des partenariats derrière un projet est cruciale pour prendre des décisions d'investissement éclairées. Le succès et le potentiel à long terme d'une crypto monnaie dépendent fortement de ces facteurs. Dans cette section, nous explorerons l'importance d'évaluer la technologie, l'équipe et les partenariats derrière les crypto-monnaies. En comprenant comment évaluer la viabilité de la technologie, l'expertise de l'équipe et la valeur des partenariats, les investisseurs peuvent faire des choix éclairés et se positionner pour réussir sur le marché dynamique et en évolution des crypto-monnaies.

La technologie qui sous-tend un projet de crypto-monnaie est un déterminant clé de son potentiel à long terme. L'évaluation de l'innovation et des progrès technologiques d'un projet permet de déterminer sa capacité à résoudre des problèmes du monde réel, à évoluer et à s'adapter aux conditions changeantes du marché. Une technologie robuste et innovante augmente les chances de succès et d'adoption d'une crypto monnaie.

L'évolutivité est un facteur essentiel dans l'évaluation de la technologie derrière les crypto-monnaies. La capacité d'une crypto-monnaie à gérer des volumes de transactions accrus et à maintenir l'efficacité du réseau est essentielle à son adoption généralisée. L'évaluation de l'évolutivité et des caractéristiques de performance d'une crypto-monnaie permet d'identifier son potentiel pour gérer la demande future.

La sécurité est primordiale dans l'écosystème des crypto-monnaies. L'évaluation des mesures de sécurité, des protocoles de cryptage et des mécanismes de consensus utilisés par un projet de crypto-monnaie est cruciale pour évaluer sa résistance au piratage, à la fraude et à d'autres activités malveillantes. Une infrastructure de sécurité solide améliore la crédibilité et la viabilité à long terme d'une crypto monnaie.

L'expertise et l'expérience des membres de l'équipe qui dirigent un projet de cryptomonnaie ont un impact significatif sur sa réussite. L'évaluation des connaissances techniques de l'équipe, de son expérience dans l'industrie et de ses réalisations antérieures permet d'évaluer sa capacité à exécuter la vision du projet et à relever les défis. Une équipe compétente et expérimentée est plus susceptible de stimuler l'innovation et d'assurer la croissance à long terme du projet.

La transparence et une communication efficace sont des indicateurs clés d'un projet de crypto-monnaie fiable. L'évaluation de la transparence de l'équipe dans le partage des mises à jour du projet, des progrès du développement et des informations financières contribue à renforcer la confiance entre les investisseurs. Des canaux de communication ouverts et transparents permettent aux investisseurs de rester informés des développements du projet et de prendre des décisions d'investissement éclairées.

L'évaluation de l'engagement et de la vision à long terme de l'équipe est cruciale pour évaluer la durabilité et le potentiel de croissance d'un projet de cryptomonnaie. Comprendre l'alignement de l'équipe sur les objectifs du projet, son dévouement au développement continu et sa capacité à s'adapter aux changements du marché aide les investisseurs à évaluer la viabilité à long terme du projet.

Les partenariats jouent un rôle important dans la réussite des projets de crypto-monnaies. Les alliances stratégiques avec des entreprises établies, des institutions financières et des fournisseurs de technologies peuvent renforcer la crédibilité d'un projet, favoriser son adoption et élargir son écosystème. L'évaluation de la qualité et de la pertinence des partenariats fournit un aperçu de la portée potentielle du marché et des opportunités de croissance d'une crypto monnaie.

Les partenariats facilitent l'adoption et l'intégration des cryptomonnaies dans les systèmes et industries existants. Les collaborations avec des entreprises et des plateformes capables d'utiliser la crypto-monnaie comme moyen de paiement ou de l'intégrer dans leurs opérations peuvent stimuler l'adoption et augmenter la demande. Évaluer le potentiel d'intégration dans le monde réel grâce à des partenariats permet d'évaluer le potentiel de croissance d'une cr ypto-monnaie.

Les partenariats avec des établissements universitaires, des organismes de recherche et d'autres projets de cryptomonnaie peuvent contribuer aux progrès technologiques et à l'innovation. Les efforts collaboratifs de recherche et de développement améliorent la capacité des projets à résoudre des problèmes complexes et à stimuler le progrès à l'échelle de l'industrie. L'évaluation de la qualité et de la pertinence des collaborations de recherche permet de mieux comprendre le potentiel de croissance technologique du projet.

Il est essentiel de mener des recherches et des analyses approfondies sur la technologie derrière une crypto-monnaie. L'évaluation de facteurs tels que les livres blancs, la documentation technique, les référentiels de codes et les audits publics permet d'évaluer la solidité technique, l'évolutivité, la sécurité et le potentiel d'innovation future du projet. S'engager avec la communauté de développement du projet et participer à des réseaux de test peut fournir un aperçu direct des capacités de la technologie.

Évaluer l'équipe derrière un projet de crypto-monnaie implique de rechercher ses antécédents, son expertise et ses réalisations antérieures. Évaluer la capacité de l'équipe à exécuter la vision du projet, à s'adapter aux défis et à favoriser une communauté forte permet d'évaluer sa capacité à stimuler la croissance du projet. S'engager avec l'équipe via les canaux de communication officiels ou assister à des conférences de l'industrie peut fournir des informations supplémentaires.

L'analyse des partenariats nécessite d'examiner les annonces officielles, de comprendre les objectifs des partenariats et d'évaluer l'impact potentiel sur la croissance et l'adoption du projet. L'enquête sur la crédibilité et les antécédents des organisations partenaires contribue à évaluer la valeur et la pertinence des collaborations. S'engager avec la communauté et participer à des événements liés aux partenariats peut offrir des perspectives supplémentaires.

En raison de l'extrême volatilité du marché, même les projets dotés de fondamentaux solides peuvent connaître des changements de prix importants. L'évaluation de la technologie, de l'équipe et des partenariats ne garantit pas la stabilité des prix à court terme, car le sentiment du marché et des facteurs externes peuvent influencer la dynamique du marché.

Les projets de crypto-monnaies évoluent dans un paysage réglementaire complexe. Les changements de réglementation ou les évolutions juridiques défavorables peuvent avoir un impact sur le potentiel de croissance et les partenaires d'un projet. L'évaluation des efforts de conformité du projet et le suivi des évolutions réglementaires sont essentiels pour comprendre et gérer les risques réglementaires.

La technologie des crypto-monnaies évolue continuellement et les projets sont confrontés à des difficultés pour tenir leurs promesses. L'incertitude technologique, les limitations d'évolutivité ou les vulnérabilités de sécurité imprévues peuvent affecter le succès de projets, même bien établis. Une surveillance constante des avancées technologiques et l'engagement avec la communauté du projet contribuent à atténuer les risques technologiques. L'évaluation de la technologie, de l'équipe et des partenariats derrière les crypto-monnaies est essentielle pour prendre des décisions d'investissement éclairées sur le marché des crypto-monnaies. Les investisseurs peuvent évaluer le potentiel à long terme d'une crypto-monnaie en évaluant les mécanismes d'innovation technologique, d'évolutivité, de sécurité et de consensus. L'évaluation de l'expertise, de la transparence et de l'engagement de l'équipe permet d'évaluer la capacité d'exécution du projet. L'analyse des partenariats fournit un aperçu du potentiel d'adoption du marché et des opportunités d'intégration réelles.

Il est essentiel de prendre en compte les risques et les limites associés à l'évaluation de la technologie, de l'équipe et des partenariats. La volatilité des marchés à court terme, les risques réglementaires et les incertitudes technologiques doivent être pris en compte lors de l'évaluation des perspectives d'investissement.

En menant des recherches approfondies, en s'engageant avec la communauté des crypto-monnaies et en restant informés des avancées technologiques et de la dynamique du marché, les investisseurs peuvent améliorer leur capacité à évaluer la technologie, l'équipe et les partenariats derrière les crypto-monnaies. Ce processus d'évaluation complet permet aux investisseurs de prendre des décisions d'investissement éclairées et de se positionner pour réussir dans le monde dynamique et évolutif de l'investissement en crypto-monnaie.

Évaluation de la demande du marché et adoption de crypto-monnaies spécifiques

L'évaluation de la demande et de l'adoption du marché est essentielle pour évaluer des crypto-monnaies spécifiques aux fins d'investissement. Le succès et le potentiel de croissance d'un projet de crypto-monnaie dépendent fortement de sa capacité à être largement adoptée et à attirer une base d'utilisateurs importante. Dans cette section, nous explorerons l'importance d'évaluer la demande du marché et l'adoption de crypto-monnaies spécifiques. En comprenant comment évaluer les tendances du marché, l'adoption par les utilisateurs, les cas d'utilisation réels et les effets de réseau, les investisseurs peuvent prendre des décisions éclairées et identifier les crypto-monnaies présentant de fortes perspectives de croissance.

L'analyse des tendances du marché est essentielle pour comprendre la demande actuelle et future de certaines crypto-monnaies. L'examen de facteurs tels que la capitalisation boursière, le volume des transactions, les mouvements de prix et la couverture médiatique donne un aperçu du niveau d'intérêt et d'activité entourant une crypto-monnaie. L'identification de tendances à la hausse et l'attention croissante des investisseurs peuvent indiquer une demande croissante du marché.

L'évaluation des applications pratiques et des cas d'utilisation d'une crypto monnaie permet de déterminer son potentiel d'adoption à grande échelle. Les crypto-monnaies qui résolvent des problèmes du monde réel, offrent des fonctionnalités uniques ou fournissent des solutions à des secteurs spécifiques sont plus susceptibles de gagner du terrain et de gagner en demande. Évaluer la faisabilité et la pertinence des cas d'utilisation d'une crypto monnaie est crucial pour comprendre la demande du marché.

Comprendre le public cible d'un projet de cryptomonnaie est essentiel pour évaluer la demande du marché. Différentes crypto-monnaies s'adressent à différents groupes d'utilisateurs, tels que les particuliers, les entreprises, les développeurs ou des secteurs spécifiques. L'analyse des besoins, des préférences et des obstacles potentiels à l'adoption du public cible fournit un aperçu de la demande du marché et du potentiel de croissance d'une crypto-monnaie.

Les effets de réseau jouent un rôle important dans l'adoption des crypto-monnaies. La valeur et l'utilité d'une crypto-monnaie augmentent à mesure que le réseau se développe et que de nouveaux utilisateurs s'inscrivent. L'analyse de la taille et de l'activité de la base d'utilisateurs d'une crypto-monnaie et de sa communauté de développeurs donne un aperçu de la force des effets de réseau. De forts effets de réseau indiquent un potentiel d'adoption plus élevé par les utilisateurs.

L'évaluation du volume de transactions et de l'utilisation d'une crypto-monnaie est cruciale pour comprendre son niveau d'adoption. Des volumes de transactions élevés indiquent une utilisation active et une demande pour la crypto-monnaie. L'analyse de mesures telles que le nombre de transactions quotidiennes, l'activité en chaîne et le taux de croissance des adresses actives permet d'évaluer le niveau d'adoption et d'engagement des utilisateurs.

L'engagement communautaire est un indicateur clé de l'adoption par les utilisateurs et de la croissance potentielle d'une crypto-monnaie. Une communauté dynamique et active démontre une base d'utilisateurs et un écosystème solides. L'évaluation de l'engagement de la communauté via les réseaux sociaux, les forums en ligne et les communautés de développeurs fournit des informations sur le sentiment des utilisateurs, leur soutien et leur participation au projet de crypto-monnaie.

La demande du marché et l'acceptation des cryptomonnaies sont fortement influencées par le cadre réglementaire. Des réglementations favorables peuvent favoriser la croissance et encourager une adoption généralisée, tandis que des conditions réglementaires défavorables ou incertaines peuvent entraver cette adoption. Évaluer le paysage réglementaire et rester informé de l'évolution des réglementations permet d'évaluer l'impact potentiel sur la demande du marché.

Les partenariats et l'intégration avec des entreprises établies, des institutions financières ou des fournisseurs de technologie peuvent avoir un impact significatif sur la demande et l'adoption du marché des crypto-monnaies. Les collaborations permettant l'intégration des crypto-monnaies dans les systèmes existants ou donnant accès à une base d'utilisateurs plus large améliorent les perspectives d'adoption. L'évaluation de la qualité et de la pertinence des partenariats donne un aperçu du potentiel de la crypto-monnaie pour la demande du marché.

La concurrence sur le marché joue un rôle dans la détermination de la demande du marché et dans l'adoption de crypto-monnaies spécifiques. L'analyse du paysage concurrentiel et la compréhension des propositions de valeur et des avantages uniques d'une crypto monnaie par rapport à ses concurrents permettent d'évaluer son potentiel de gain de part de marché et d'adoption. Des facteurs de différenciation, tels que la supériorité technologique, l'évolutivité ou la facilité d'utilisation, peuvent influencer la demande du marché.

L'analyse des données est cruciale pour évaluer la demande du marché et l'adoption de crypto-monnaies spécifiques. L'analyse des données de marché, des mesures en chaîne, du volume des transactions et de l'engagement des utilisateurs fournit des informations quantitatives sur les tendances du marché, l'adoption par les utilisateurs et le niveau d'intérêt pour une crypto-monnaie. Divers outils et plateformes d'analyse de données peuvent aider les investisseurs à évaluer la demande du marché.

Mener des enquêtes auprès des utilisateurs et recueillir les commentaires de la communauté des cryptomonnaies permet d'obtenir des informations qualitatives sur la demande et l'adoption du marché. Les enquêtes peuvent fournir des informations sur les préférences des utilisateurs, les niveaux de satisfaction et les obstacles à l'adoption. S'engager avec la communauté des crypto-monnaies via les forums, les réseaux sociaux et les communautés de développeurs permet aux investisseurs de recueillir de précieux commentaires et d'évaluer le sentiment des utilisateurs.

L'examen d'études de cas et de mises en œuvre réelles de crypto-monnaies spécifiques fournit des exemples concrets de demande et d'adoption du marché. L'analyse des cas d'utilisation réussis, des partenariats et des intégrations industrielles permet de comprendre les applications pratiques et la croissance potentielle d'une crypto-monnaie. Les études de cas fournissent des informations précieuses sur la manière dont les crypto-monnaies sont adoptées et utilisées dans divers secteurs.

Le marché des crypto-monnaies est très volatil et les fluctuations de prix à court terme ne correspondent pas toujours à la demande du marché ou aux niveaux d'adoption. Le sentiment du marché, les activités spéculatives et les facteurs externes peuvent influencer les mouvements de prix à court terme, même pour les crypto-monnaies ayant une forte demande sur le marché. Les investisseurs doivent tenir compte des tendances et des fondamentaux à long terme ainsi que de la volatilité à court terme.

L'adoption des crypto-monnaies se heurte à divers obstacles et défis, tels que les contraintes réglementaires, les limitations technologiques et le scepticisme des utilisateurs. Évaluer la demande du marché et son adoption nécessite de prendre en compte ces défis et de comprendre comment ils peuvent affecter le potentiel de croissance d'une crypto monnaie. Les changements réglementaires, les problèmes d'évolutivité ou le manque de formation des utilisateurs peuvent avoir un impact sur les taux d'adoption.

Le marché des cryptomonnaies est dynamique et en constante évolution. La demande du marché et les niveaux d'adoption peuvent changer rapidement en raison des progrès technologiques, des évolutions réglementaires ou des changements dans les préférences des utilisateurs. Surveiller en permanence les tendances du marché, rester informé des actualités du secteur et adapter les stratégies sont essentiels pour naviguer dans la dynamique en évolution du marché.

L'évaluation de la demande et de l'adoption du marché est essentielle pour évaluer des crypto-monnaies spécifiques aux fins d'investissement. En analysant les tendances du marché, les cas d'utilisation réels, l'adoption par les utilisateurs, les effets de réseau et les partenariats, les investisseurs peuvent obtenir des informations précieuses sur le potentiel de croissance et la viabilité à long terme d'une crypto monnaie.

Tout en tenant compte des risques et des limites, l'utilisation d'outils d'analyse de données, la collecte des commentaires des utilisateurs et l'examen d'études de cas peuvent aider à évaluer la demande du marché. Les investisseurs doivent rester informés des changements réglementaires, de la dynamique du secteur et des tendances émergentes pour prendre des décisions d'investissement éclairées.

En conclusion, l'évaluation de la demande et de l'adoption du marché aide les investisseurs à identifier les crypto-monnaies présentant de fortes perspectives de croissance et un potentiel d'investissement. En effectuant des évaluations complètes et en utilisant divers outils et approches, les investisseurs peuvent se positionner pour réussir dans le monde dynamique et en constante expansion de l'investissement en crypto-monnaie.

Analyser les facteurs réglementaires et juridiques impactant les crypto-monnaies

Les facteurs réglementaires et juridiques jouent un rôle crucial dans l'évolution du paysage des crypto-monnaies. Alors que la popularité et l'adoption des crypto-monnaies continuent de croître, les gouvernements et les organismes de réglementation du monde entier sont aux prises avec la tâche de créer des cadres pour régir ces actifs numériques. Cette section explorera les facteurs réglementaires et juridiques ayant un impact sur les crypto-monnaies. En comprenant l'évolution du paysage réglementaire, les exigences de conformité, les considérations fiscales et les défis juridiques potentiels, les investisseurs peuvent naviguer dans l'environnement réglementaire complexe et prendre des décisions éclairées sur le marché des crypto-monnaies.

Les cadres réglementaires visent à protéger les investisseurs en établissant des règles et des normes pour les opérations de cryptomonnaie. Les réglementations peuvent promouvoir la transparence, la responsabilité et les pratiques équitables, réduisant ainsi le risque de fraude, d'escroquerie et de manipulation du marché. La confiance des investisseurs est renforcée par un environnement bien réglementé, qui soutient également la croissance et la stabilité à long terme du marché.

Les mesures réglementaires contribuent à favoriser l'intégrité du marché en empêchant les activités illicites, le blanchiment d'argent et le financement du terrorisme dans l'écosystème des cryptomonnaies. Les exigences de conformité, telles que les réglementations de connaissance du client (KYC) et de lutte contre le blanchiment d'argent (AML), contribuent à un marché plus transparent et plus fiable, attirant les investisseurs institutionnels et favorisant l'adoption par le grand public.

La surveillance réglementaire est essentielle pour atténuer les risques systémiques sur le marché des crypto-monnaies. Les réglementations peuvent résoudre des problèmes tels que la manipulation du marché, la volatilité des prix et l'effet de levier excessif dans le trading de crypto-monnaies. En mettant en œuvre des mesures pour surveiller et réglementer les acteurs du marché, les organismes de réglementation visent à promouvoir la stabilité et à réduire la probabilité de perturbations à l'échelle du marché.

Le paysage réglementaire des crypto-monnaies varie considérablement selon les juridictions. Certains pays ont adopté les cryptomonnaies et mis en place des réglementations favorables pour favoriser l'innovation, tandis que d'autres ont adopté une approche plus prudente ou imposé des cadres réglementaires stricts. Comprendre l'environnement réglementaire des différentes juridictions est crucial pour naviguer sur les marchés internationaux et se conformer aux exigences locales.

Pour répondre aux problèmes et aux opportunités qu'offrent les crypto-monnaies, les gouvernements et les agences de régulation créent activement des politiques et des réglementations. Les initiatives vont de l'établissement de cadres de licence pour les échanges de crypto-monnaies à la publication de lignes directrices pour les offres initiales de pièces (ICO) et la conservation des actifs numériques. La surveillance des initiatives gouvernementales et des réglementations proposées aide les investisseurs à rester informés des changements potentiels et de leur impact sur le marché des cr ypto-monnaies.

Les régulateurs sont confrontés au défi d'équilibrer la promotion de l'innovation et la gestion des risques liés aux crypto-monnaies. Tout en promouvant les progrès technologiques, les régulateurs doivent également protéger les investisseurs et maintenir la stabilité du marché. Atteindre cet équilibre nécessite un dialogue continu entre les régulateurs, les acteurs de l'industrie et les autres parties prenantes afin d'élaborer des réglementations efficaces et proportionnées.

Le respect des réglementations Know-Your-Customer (KYC) et anti-blanchiment d'argent (AML) est crucial pour les échanges de crypto-monnaies et les fournisseurs de services. Ces réglementations obligent les entreprises à vérifier l'identité de leurs clients, à surveiller les transactions à la recherche d'activités suspectes et à signaler toute transaction suspecte aux autorités de régulation. Comprendre et mettre en œuvre de solides mesures KYC et AML est essentiel pour opérer dans les limites juridiques et instaurer la confiance avec les régulateurs.

La réglementation des valeurs mobilières est un élément important à prendre en compte pour les crypto-monnaies qui présentent les caractéristiques des instruments financiers traditionnels. Les offres initiales de pièces de monnaie (ICO), en particulier, sont soumises à un examen minutieux lorsque les régulateurs déterminent si elles relèvent de la réglementation sur les valeurs mobilières. Le respect des lois sur les valeurs mobilières, telles que les exigences d'enregistrement et les mesures de protection des investisseurs, est essentiel pour mener les ICO en toute légalité et éviter d'éventuelles contestations judiciaires.

Les transactions en crypto-monnaie peuvent avoir des implications fiscales, et les investisseurs doivent connaître leurs obligations déclaratives et fiscales. Les autorités fiscales de diverses juridictions élaborent des lignes directrices pour lutter contre la taxation des crypto-monnaies. Comprendre le traitement fiscal des crypto-monnaies, y compris l'impôt sur les plus-values, l'impôt sur le revenu et les exigences de déclaration, est crucial pour maintenir la conformité et éviter les problèmes juridiques.

Des réglementations claires et cohérentes sont nécessaires pour les entreprises et les investisseurs en crypto monnaie. L'ambiguïté réglementaire crée de l'incertitude, inhibe l'innovation et entrave l'adoption par le grand public. L'absence de cadres juridiques peut également rendre difficile pour les investisseurs d'évaluer la conformité des projets de crypto-monnaie et de gérer les risques juridiques potentiels.

Les autorités de régulation entreprennent périodiquement des mesures coercitives et des mesures répressives contre les activités non conformes en matière de cryptomonnaie. Les échanges sans licence, les ICO frauduleuses et les opérations illégales sont des cibles pour l'application de la réglementation. Les investisseurs doivent être prudents et faire preuve de diligence raisonnable pour garantir le respect des réglementations et éviter d'éventuelles conséquences juridiques.

La nature mondiale des crypto-monnaies présente des défis en termes de frontières juridictionnelles et d'exigences réglementaires contradictoires. Opérer dans plusieurs juridictions nécessite de comprendre et de respecter diverses réglementations, ce qui peut être complexe et prendre du temps. La résolution des conflits de juridiction et l'adhésion à différents cadres juridiques ajoutent une couche de complexité aux opérations de cryptomonnaie.

Il est crucial de se tenir au courant des évolutions réglementaires via des sources réputées, des associations industrielles et des annonces réglementaires. La participation à des consultations publiques et à des discussions sectorielles permet aux investisseurs d'exprimer leurs points de vue et de contribuer à l'élaboration de réglementations sensées.

Le respect des mesures de conformité, telles que les réglementations KYC, AML et sur la protection des données, est essentiel pour les entreprises de crypto-monnaies. L'établissement de programmes de conformité internes solides, la réalisation d'audits réguliers et la mise en œuvre de mesures de sécurité robustes contribuent à garantir la conformité légale et réglementaire.

Faire appel à des professionnels du droit possédant une expertise en matière de crypto-monnaies et de questions réglementaires peut fournir des conseils précieux et atténuer les risques juridiques. La recherche de conseils juridiques peut vous aider à vous familiariser avec des exigences réglementaires complexes, à évaluer les implications juridiques et à garantir le respect des lois applicables.

L'analyse des facteurs réglementaires et juridiques est cruciale pour comprendre les opportunités et les défis associés aux crypto-monnaies. À mesure que le paysage réglementaire évolue, il est essentiel pour les investisseurs et les entreprises opérant sur le marché des crypto-monnaies de rester informés des changements, de se conformer aux réglementations applicables et de comprendre les risques juridiques.

En reconnaissant l'importance de la protection des investisseurs, de l'intégrité du marché et de l'atténuation des risques systémiques, les régulateurs visent à équilibrer l'innovation et la réglementation. Le respect des réglementations KYC, AML, valeurs mobilières et fiscales et la recherche d'une expertise juridique aident les investisseurs et les entreprises à naviguer efficacement dans le paysage juridique.

En conclusion, comprendre et analyser les facteurs réglementaires et juridiques ayant un impact sur les crypto-monnaies est essentiel pour prendre des décisions d'investissement éclairées et garantir la conformité sur le marché des crypto-monnaies en évolution rapide. Les investisseurs peuvent aider l'écosystème des crypto-monnaies à se développer et à rester stable sur le long terme en naviguant dans un paysage réglementaire complexe.

Chapitre V : Analyse technique pour l'investissement dans les crypto-monnaies

Introduction à l'analyse technique et sa pertinence pour les marchés des crypto monnaies

L'analyse technique est un outil puissant que les traders et les investisseurs utilisent pour analyser les données historiques sur les prix et prédire les mouvements futurs du marché. Des informations sur les mouvements de prix, le sentiment du marché et les opportunités d'investissement potentielles sur les marchés des cryptomonnaies peuvent toutes être obtenues grâce à l'analyse technique. Cette section explorera les principes fondamentaux de l'analyse technique et sa pertinence pour les marchés des crypto-monnaies. En comprenant les concepts clés tels que les modèles graphiques, les indicateurs et les niveaux de support/résistance, les investisseurs peuvent améliorer leur processus de prise de décision et améliorer leurs chances de succès dans le monde dynamique des crypto-monnaies.

L'analyse technique concerne principalement l'action des prix, c'est-à-dire l'évolution des prix au fil du temps. Les traders peuvent identifier des modèles et des tendances dans les données de prix précédentes qui pourraient aider à prévoir les mouvements de prix futurs. L'analyse de l'action des prix constitue le fondement de l'analyse technique et permet aux investisseurs de prendre des décisions éclairées basées sur les tendances historiques des prix.

Les modèles graphiques sont des formations récurrentes sur les graphiques de prix qui fournissent un aperçu de la psychologie du marché et des futurs mouvements potentiels des prix. Des modèles tels que des triangles, des têtes et des épaules, des doubles hauts/bas et des canaux de tendance peuvent indiquer des renversements de tendance, des périodes de consolidation ou la continuation de tendances existantes. Reconnaître et interpréter les modèles graphiques est une compétence essentielle pour les analystes techniques.

Les niveaux de prix où la pression d'achat ou de vente devrait être considérable sont appelés niveaux de support et de résistance. Les niveaux de soutien sont des niveaux de prix auxquels l'intérêt d'achat devrait émerger, empêchant ainsi de nouvelles baisses de prix. D'un autre côté, les niveaux de résistance sont des niveaux de prix auxquels une pression à la vente est anticipée, empêchant de nouvelles hausses de prix. Ces niveaux aident à identifier les points d'entrée et de sortie potentiels pour les transactions.

Les moyennes mobiles sont des indicateurs largement utilisés qui aident à atténuer les fluctuations de prix et à identifier les tendances. Ils calculent le prix moyen sur une période spécifique, en fournissant une ligne sur le graphique des prix qui représente la valeur moyenne. Les moyennes mobiles peuvent aider à identifier la direction de la tendance, les niveaux de support/résistance et les zones potentielles d'inversion des prix.

Un oscillateur de dynamique appelé Relative Strength Index évalue la vitesse et la variété des changements de prix. Il aide à déterminer quand un marché est suracheté ou survendu et oscille entre 0 et 100. Le RSI peut indiquer des renversements de tendance potentiels et fournir des signaux pour des opportunités d'achat ou de vente.

Un indicateur commun appelé MACD (Moving Average Convergence Divergence) combine les moyennes mobiles pour reconnaître les changements potentiels de dynamique. Il se compose de deux lignes : une ligne plus rapide (ligne MACD) et une ligne plus lente (ligne de signal). Les croisements et les divergences entre ces lignes peuvent indiquer des inversions ou une continuation de tendance, fournissant ainsi des informations aux traders.

Les marchés des cryptomonnaies sont fortement influencés par la psychologie et le sentiment du marché. L'analyse technique permet d'identifier des modèles et des tendances qui reflètent les émotions et le comportement des acteurs du marché. Comprendre la psychologie derrière les mouvements de prix peut aider les traders à évaluer le sentiment et à prendre des décisions éclairées basées sur la dynamique du marché.

Les marchés des cryptomonnaies sont connus pour leur grande liquidité et leur volatilité. L'analyse technique peut aider à identifier les niveaux de prix où la liquidité est concentrée, permettant ainsi aux traders de prendre des décisions éclairées concernant les points d'entrée et de sortie. Les modèles de volatilité peuvent également être analysés, aidant ainsi les traders à anticiper les mouvements potentiels des prix et à gérer les risques en conséquence.

Les crypto-monnaies, contrairement aux actifs traditionnels, disposent souvent de données fondamentales limitées disponibles pour l'analyse. L'analyse technique constitue une alternative précieuse pour évaluer les crypto-monnaies, car elle s'appuie sur des données historiques sur les prix et sur le comportement du marché. En se concentrant sur l'évolution des prix, l'analyse technique permet aux traders d'évaluer le sentiment et les tendances du marché sans trop dépendre des facteurs fondamentaux.

L'analyse technique est subjective et nécessite une interprétation. Les traders peuvent avoir des opinions et des interprétations différentes des tendances et des indicateurs de prix, conduisant à des stratégies et des résultats variés. Il est essentiel de reconnaître que l'analyse technique n'est pas infaillible et peut donner lieu à de faux signaux ou à des interprétations erronées.

Des facteurs externes tels que des événements d'actualité, des annonces réglementaires ou des manipulations de marché peuvent avoir un impact significatif sur les marchés des crypto-monnaies. L'analyse technique peut ne pas toujours capturer ou prédire avec précision les effets de ces facteurs externes, ce qui entraîne des mouvements de prix et des réactions inattendues du marché.

L'analyse technique s'appuie fortement sur les données de prix historiques, qui ne peuvent que parfois refléter avec précision les conditions futures du marché. Les marchés des cryptomonnaies sont relativement jeunes et les données historiques peuvent être limitées, ce qui rend difficile l'analyse précise des tendances à long terme ou la prévision des mouvements futurs des prix.

Les stratégies de suivi des tendances impliquent d'identifier et de capitaliser sur les tendances établies. Pour identifier la direction de la tendance et effectuer des transactions cohérentes avec la tendance actuelle du marché, les traders utilisent des indicateurs techniques et des modèles graphiques. Cette stratégie vise à profiter de la poursuite des tendances existantes.

Les stratégies de trading en petits groupes se concentrent sur l'identification des niveaux de prix où le marché franchit les niveaux de support ou de résistance. Les traders visent à prendre des positions lorsque les mouvements de prix signalent une sortie d'une phase de consolidation ou un niveau de prix significatif, anticipant une poursuite de la tendance.

La mise en œuvre de techniques efficaces de gestion des risques est cruciale pour l'analyse technique dans le trading de cryptomonnaies. La définition d'ordres stop-loss, la gestion de la taille des positions et la diversification du portefeuille sont des pratiques essentielles de gestion des risques qui aident à protéger le capital et à minimiser les pertes potentielles.

L'analyse technique est un outil utile pour les investisseurs et les traders sur le marché des crypto-monnaies. En analysant l'évolution des prix, les modèles graphiques et les indicateurs techniques, les traders peuvent obtenir des informations sur les tendances du marché, le sentiment et les opportunités d'investissement potentielles. Bien que l'analyse technique ait ses limites, elle fournit une approche systématique pour évaluer les crypto-monnaies sans données fondamentales complètes.

Il est essentiel de reconnaître que l'analyse technique doit être utilisée conjointement avec d'autres méthodes d'analyse et stratégies de gestion des risques. Combiner l'analyse technique avec l'analyse fondamentale, rester informé des actualités et des événements du marché et adapter continuellement la stratégie aux conditions du marché sont essentiels pour réussir le trading de cr ypto-monnaies.

En conclusion, l'analyse technique permet aux traders de prendre des décisions éclairées sur le marché dynamique des crypto-monnaies. En étudiant les modèles de prix historiques, en reconnaissant les modèles graphiques et en utilisant des indicateurs techniques, les traders peuvent améliorer leur capacité à identifier les tendances, à anticiper les mouvements de prix et à améliorer leurs performances commerciales globales.

Modèles de graphiques, indicateurs et oscillateurs pour prédire les mouvements de prix

L'analyse technique est une approche largement utilisée pour analyser les mouvements de prix et prédire les tendances futures des marchés financiers. Dans le contexte du trading de crypto-monnaies, l'analyse technique joue un rôle crucial dans la compréhension de la dynamique du marché et dans la prise de décisions commerciales éclairées. Cette section explore les différents modèles graphiques, indicateurs et oscillateurs utilisés sur les marchés des cryptomonnaies et leur importance dans la prévision des mouvements de prix. En comprenant les principes et les applications de ces outils, les traders peuvent améliorer leur capacité à naviguer sur le marché volatil des cryptomonnaies et à améliorer leurs stratégies de trading.

Les modèles graphiques sont des représentations graphiques des mouvements de prix historiques qui fournissent un aperçu du sentiment du marché et des tendances futures potentielles des prix. Ces modèles peuvent être classés en modèles de continuation de tendance et en modèles d'inversion de tendance, chacun ayant ses propres caractéristiques et implications.

Les modèles de continuation de tendance, tels que les triangles ascendants, descendants et symétriques, indiquent une phase de consolidation temporaire au sein d'une tendance existante. Les traders cherchent des cassures de ces modèles pour confirmer la poursuite de la tendance dominante.

Les modèles d'inversion de tendance, tels que la tête et les épaules, le double haut/bas et le triple haut/bas, signalent des inversions potentielles de la tendance actuelle. Ces modèles sont produits par des mouvements de prix particuliers et agissent comme des indicateurs d'inversion de tendance pour les traders.

Les modèles de chandeliers, tels que l'engloutissement haussier, l'engloutissement baissier, le marteau et l'étoile filante, fournissent des informations supplémentaires sur les mouvements de prix et le sentiment à court terme. Les traders peuvent utiliser ces modèles pour confirmer ou valider des renversements ou des continuations de tendance potentiels.

Les traders peuvent utiliser des indicateurs, qui sont des calculs mathématiques basés sur des données de prix et de volume, pour compléter leur connaissance des tendances du marché et des changements de prix probables.

Les moyennes mobiles, y compris les moyennes mobiles simples (SMA) et les moyennes mobiles exponentielles (EMA), aident à lisser les données de prix et à identifier les tendances. Les traders analysent les croisements entre différentes moyennes mobiles pour générer des signaux d'achat ou de vente et déterminer la force d'une tendance.

L'indice de force relative, parfois appelé RSI, est un oscillateur qui mesure le taux de variation en plus de la variance des mouvements de prix. Il oscille entre 0 et 100, indiquant des conditions de surachat et de survente sur le marché. Les traders utilisent le RSI pour identifier les retournements de tendance potentiels et générer des signaux de trading.

Un indicateur courant qui combine les moyennes mobiles afin d'identifier les changements potentiels de dynamique est la divergence de convergence des moyennes mobiles (MACD). Les traders recherchent des croisements et des divergences entre le MACD et les lignes de signal pour générer des signaux d'achat ou de vente.

Les oscillateurs sont des indicateurs qui fluctuent dans une plage spécifique, fournissant un aperçu des conditions de surachat et de survente sur le marché et des retournements de prix potentiels. Le cours de clôture d'une crypto monnaie est analysé à l'aide de l'oscillateur stochastique en relation avec la fourchette de prix que la crypto monnaie a connue sur un certain laps de temps. En fournissant des signes d'inversions ou de continuations de tendance potentielles, il aide les traders à identifier les positions de surachat et de sur vente.

L'indice de vigueur relative (RVI) mesure la force d'une tendance en comparant les cours de clôture à la fourchette de négociation. Les traders utilisent RVI pour confirmer la force de la tendance et identifier les retournements de tendance potentiels. La fourchette vraie moyenne (ATR) mesure la volatilité en calculant la fourchette moyenne entre les prix hauts et bas sur une période spécifique. Les traders utilisent l'ATR pour définir des niveaux de stop-loss appropriés et évaluer l'évolution potentielle des prix.

Les traders emploient diverses stratégies pour utiliser efficacement les modèles graphiques, les indicateurs et les oscillateurs dans le trading de cryptomonnaies. Les stratégies de suivi des tendances impliquent d'identifier et de capitaliser sur les tendances établies. Les traders utilisent des moyennes mobiles, des lignes de tendance et des modèles de cassure pour confirmer les orientations des tendances et entrer dans des transactions alignées sur la tendance dominante du marché.

Les stratégies de trading Momentum identifient les conditions de surachat et de survente à l'aide d'indicateurs tels que RSI, MACD et oscillateurs stochastiques. Les traders visent à entrer dans des transactions lorsque ces indicateurs signalent des inversions ou des continuations potentielles des prix.

Les stratégies basées sur la volatilité utilisent des indicateurs tels que l'ATR

pour

mesurer et évaluer la volatilité d'une crypto-monnaie. Les traders fixent des objectifs de profit ou des niveaux de stop-loss en fonction de la volatilité de la crypto-monnaie pour gérer efficacement les risques.

Même si les outils d'analyse technique fournissent des informations précieuses, il est important de reconnaître leurs limites et leurs risques.

De faux signaux peuvent se produire, conduisant à des décisions de trading incorrectes. Les traders doivent faire preuve de prudence et envisager d'utiliser plusieurs outils pour confirmer les signaux avant de prendre des décisions de trading.

De nombreux indicateurs techniques sont par nature en retard, ce qui signifie qu'ils fournissent des signaux après qu'un mouvement de prix s'est déjà produit.

Les traders doivent compléter l'analyse technique avec d'autres formes d'analyse pour valider les signaux et minimiser les risques.

Les outils d'analyse technique ne tiennent pas compte des facteurs externes tels que les événements d'actualité ou les changements de sentiment du marché. Les traders doivent prendre en compte ces facteurs parallèlement à l'analyse technique pour obtenir une vue complète du marché.

Les modèles graphiques, les indicateurs et les oscillateurs sont des outils essentiels pour analyser les mouvements de prix et prédire les tendances des marchés des crypto-monnaies. En comprenant et en utilisant efficacement ces outils, les traders peuvent obtenir des informations sur les tendances, la dynamique et les opportunités commerciales potentielles du marché.

Les traders doivent être conscients des limites et des risques associés à l'analyse technique et intégrer d'autres formes d'analyse pour valider les signaux. De plus, l'apprentissage continu, l'adaptation et la mise à jour des tendances du marché sont essentiels au succès du trading de crypto-monnaies.

En conclusion, l'analyse technique offre aux traders une approche systématique pour évaluer les mouvements des prix des crypto-monnaies. En reconnaissant les modèles graphiques, en utilisant des indicateurs et en appliquant des oscillateurs, les traders peuvent améliorer leur processus de prise de décision et améliorer leurs performances commerciales sur le marché dynamique et volatil des crypto-monnaies.

Appliquer des outils d'analyse technique pour identifier les opportunités d'achat et de vente

Prendre des décisions d'achat et de vente éclairées est essentiel au succès de l'investissement en crypto-monnaie. Alors que l'analyse fondamentale donne un aperçu des perspectives à long terme des crypto-monnaies, l'analyse technique aide les investisseurs à identifier les modèles et tendances de prix à court terme. En appliquant divers outils d'analyse technique, les investisseurs peuvent obtenir des informations précieuses sur la dynamique du marché, identifier les points d'entrée et de sortie potentiels et optimiser leurs opportunités d'achat et de vente. Cette section explore l'application des outils d'analyse technique dans l'investissement en crypto-monnaie, en mettant en évidence leurs avantages, les concepts clés et les indicateurs populaires utilisés par les traders.

L'analyse technique est une discipline qui consiste à étudier les données historiques sur les prix, le volume et d'autres informations liées au marché pour prévoir les mouvements futurs des prix. Il se concentre sur les modèles, les tendances et les indicateurs pour mieux comprendre le sentiment du marché et les opportunités potentielles d'achat ou de vente.

Le fondement de l'analyse technique repose sur la conviction que les tendances historiques des prix se répétaient dans le futur en raison de l'influence à la fois de la psychologie humaine et du comportement des marchés. Les investisseurs peuvent identifier des modèles susceptibles d'indiquer des mouvements de prix futurs en analysant l'évolution des prix et le sentiment du marché.

Les notions de niveaux de support et de résistance sont particulièrement essentielles dans le domaine de l'analyse technique. Le support représente un niveau de prix auquel la pression d'achat devrait l'emporter sur la pression de vente, provoquant un rebond du prix. D'un autre côté, la résistance est un niveau de prix où la pression à la vente devrait l'emporter sur la pression à l'achat, provoquant ainsi un renversement du prix.

L'identification des tendances est un aspect fondamental de l'analyse technique.

Les tendances peuvent être classées en tendances haussières, baissières ou tendances latérales. Comprendre la direction et la force d'une tendance aide les investisseurs à prendre des décisions éclairées concernant l'entrée ou la sortie d'un marché.

Dans le domaine de l'analyse technique, les moyennes mobiles sont fréquemment appliquées pour lisser les données de prix et déterminer la direction des tendances. Les moyennes mobiles simples (SMA) et les moyennes mobiles exponentielles (EMA) sont couramment utilisées pour mettre en évidence les changements de tendance et fournir des niveaux de support ou de résistance potentiels.

Le Relative Strength Index, parfois appelé RSI, est un oscillateur qui mesure le taux de changement en plus de la rapidité des mouvements des prix. Il aide à identifier les conditions de surachat et de survente, indiquant les points d'inversion potentiels du marché.

La divergence de convergence des moyennes mobiles (MACD) est un indicateur flexible qui utilise des moyennes mobiles pour repérer les changements possibles dans une tendance. Il se compose de deux lignes, la ligne MACD et la ligne de signal, ainsi que d'un histogramme représentant la différence entre elles. Les traders utilisent le MACD pour identifier les signaux haussiers et baissiers et les opportunités potentielles d'achat ou de vente.

Les composants qui composent les bandes de Bollinger sont une simple moyenne mobile et deux bandes basées sur l'écart type des données. Ils aident à identifier la volatilité des prix et les conditions potentielles de surachat ou de survente. Lorsque le prix touche ou franchit la bande supérieure, cela peut indiquer un retournement potentiel ou une opportunité de vente. À l'inverse, lorsque le prix touche ou franchit la bande inférieure, cela peut indiquer un retournement potentiel ou une opportunité d'achat.

L'analyse technique aide à identifier les tendances et les retournements de tendance potentiels, permettant aux investisseurs d'entrer ou de sortir de positions à des moments optimaux. Les traders peuvent prendre des décisions éclairées concernant les points d'entrée ou de sortie du marché en analysant les modèles de prix, les lignes de tendance et les indicateurs.

Le volume est un facteur crucial dans l'analyse technique. Il permet de valider les mouvements de prix et d'identifier les retournements de tendance potentiels. Un volume plus élevé lors des hausses ou des baisses de prix confirme la force de la tendance, tandis qu'une diminution du volume peut indiquer une tendance à l'affaiblissement.

L'analyse technique peut être appliquée sur différentes périodes, depuis les transactions intra journalières à court terme jusqu'aux stratégies d'investissement à long terme. Différents délais nécessitent différents outils d'analyse technique et stratégies de trading. Les day traders peuvent se concentrer sur des indicateurs et des modèles à court terme, tandis que les investisseurs à long terme peuvent s'appuyer sur des analyses de tendances et des indicateurs à plus long terme.

Les marchés des cryptomonnaies sont connus pour leur volatilité, conduisant parfois à des mouvements de prix imprévisibles. Bien qu'elle soit un outil précieux, l'analyse technique doit être utilisée avec d'autres méthodes d'analyse et stratégies de gestion des risques pour tenir compte de la volatilité du marché.

Aucune méthode d'analyse n'est infaillible et l'analyse technique ne fait pas exception. De faux signaux peuvent se produire, conduisant à des décisions de trading incorrectes. Les traders doivent faire preuve de prudence, prendre en compte plusieurs indicateurs et effectuer une analyse approfondie pour réduire le risque de faux signaux.

L'analyse technique est un outil puissant qui peut fournir des informations précieuses sur les marchés des cryptomonnaies et aider les investisseurs à identifier les opportunités potentielles d'achat et de vente. Les investisseurs peuvent acquérir un avantage concurrentiel dans le paysage dynamique des crypto-monnaies en comprenant les concepts clés, en utilisant des indicateurs populaires et en appliquant des outils d'analyse technique.

D'un autre côté, il est essentiel de garder à l'esprit que l'analyse technique n'est pas une méthode infaillible pour prédire l'évolution future des prix. Il ne s'agit là que d'une pièce du puzzle permettant de prendre des décisions d'investissement éclairées. Combiner l'analyse technique avec l'analyse fondamentale, les stratégies de gestion des risques et la connaissance de l'actualité et des développements du marché est crucial pour un investissement réussi dans les cryptomonnaies.

Alors que vous vous lancez dans votre parcours d'investissement en crypto-monnaie, n'oubliez pas de pratiquer et d'affiner vos compétences en analyse technique. L'apprentissage continu, l'adaptation aux tendances du marché et l'intégration de l'analyse technique dans votre stratégie d'investissement vous permettront de prendre des décisions éclairées en toute confiance et de naviguer dans le paysage en constante évolution des cr ypto-monnaies.

Définir les points d'entrée et de sortie à l'aide de l'analyse technique

L'analyse technique est un outil puissant que les traders et les investisseurs utilisent pour analyser les données historiques sur les prix, identifier les modèles et prédire les mouvements futurs des prix sur les marchés financiers, y compris le marché des crypto-monnaies. La définition de points d'entrée et de sortie est essentielle au succès du trading, car elle permet de maximiser les profits et de gérer les risques. Cette section explore la définition des points d'entrée et de sortie à l'aide de l'analyse technique des crypto-monnaies. En comprenant les principes, les stratégies et les considérations associés aux outils d'analyse technique, les traders peuvent améliorer leur processus de prise de décision et améliorer leurs performances commerciales.

L'analyse technique fournit diverses techniques pour identifier les points d'entrée sur le marché des crypto-monnaies. Les traders peuvent repérer les opportunités favorables pour effectuer des transactions en analysant les modèles graphiques et en utilisant des indicateurs.

Les modèles graphiques, tels que les cassures et les retraits, offrent des informations précieuses sur les points d'entrée potentiels. Les cassures se produisent lorsque le prix dépasse un niveau de résistance important ou tombe en dessous d'un niveau de support crucial. Les traders peuvent entrer dans des transactions après que la cassure soit confirmée, indiquant une poursuite potentielle de la tendance. D'un autre côté, les replis présentent des opportunités d'entrer dans des transactions à un prix inférieur dans le contexte d'une tendance établie.

Les indicateurs jouent un rôle crucial dans l'identification des points d'entrée. Les moyennes mobiles aident les traders à évaluer la tendance globale et à identifier les points d'entrée potentiels en fonction des croisements entre différentes moyennes mobiles. Les oscillateurs, notamment l'indice de force relative (RSI) et l'oscillateur stochastique, fournissent un aperçu des niveaux de surachat et de survente. Cela permet aux traders d'identifier les points d'entrée probables lorsque le prix est susceptible d'inverser sa direction.

Déterminer le bon moment pour quitter une transaction est tout aussi crucial que d'identifier les points d'entrée. L'analyse technique offre des outils pour aider les traders à définir des points de sortie appropriés et à protéger leurs bénéfices.

Les objectifs de profit sont des niveaux prédéterminés auxquels les traders visent à vendre leurs positions pour garantir des gains. L'analyse technique permet d'identifier ces niveaux en analysant les niveaux de résistance, les lignes de tendance et les modèles graphiques. Les niveaux de résistance agissent comme des barrières où le prix rencontre souvent des pressions de vente, ce

qui
en fait des niveaux cibles de profit idéaux. Lorsque le prix s'approche des limites supérieures ou inférieures du canal de tendance, les lignes de tendance fournissent aux traders des indications sur les points de sortie potentiels à prendre en compte.

Les ordres stop-loss sont essentiels pour gérer les risques et limiter les pertes potentielles. Les outils d'analyse technique aident à définir des niveaux stop-loss appropriés en tenant compte des niveaux de support et des indicateurs clés. Les niveaux de support servent de niveaux où le prix peut trouver un support d'achat. Placer des ordres stop-loss juste en dessous de ces niveaux protège contre les mouvements à la baisse importants et minimise les pertes.

Les stratégies de trading efficaces intègrent des outils d'analyse technique pour définir les points d'entrée et de sortie. Certaines stratégies courantes incluent le

suivi de tendance, le trading de supports et de résistances et les ordres stop-loss
suiveurs.

Les traders qui emploient des méthodes de suivi de tendances cherchent à
identifier les tendances préexistantes, puis à placer leurs transactions dans la
même direction que la tendance désormais dominante. Les outils d'analyse
technique tels que les moyennes mobiles et les lignes de tendance aident les
traders à confirmer la direction de la tendance et à identifier les points d'entrée
appropriés. Les traders quittent leurs positions lorsque la tendance montre des
signes d'affaiblissement ou d'inversion.

Les stratégies de trading de support et de résistance se concentrent sur les
niveaux clés de support et de résistance. Les traders entrent dans des
transactions lorsque le prix rebondit sur un niveau de support ou dépasse un
niveau de résistance, anticipant une poursuite de la tendance. Ils quittent leurs
positions lorsque le prix s'approche du prochain niveau de support ou de
résistance significatif.

Les ordres stop-loss suiveurs sont un moyen dynamique de protéger les
bénéfices tout en donnant aux transactions une marge de développement. Les
traders ajustent leurs niveaux de stop-loss à mesure que le prix évolue en leur
faveur, bloquant ainsi les bénéfices tout en permettant des gains potentiels
supplémentaires.

Bien que l'analyse technique fournisse des informations précieuses, il est
essentiel de prendre en compte d'autres facteurs et de pratiquer une bonne
gestion des risques.

La confirmation est cruciale pour accroître la fiabilité des points d'entrée et de
sortie. Les traders doivent demander la confirmation de plusieurs outils
d'analyse technique, modèles ou indicateurs avant d'entrer ou de quitter des
transactions.

L'évaluation du rapport risque-récompense est essentielle pour garantir que les
gains potentiels dépassent les pertes potentielles. Les traders doivent
soigneusement évaluer le profit potentiel par rapport à la perte possible pour
chaque transaction et éviter d'effectuer des transactions avec des ratios
risque-récompense défavorables.

Une bonne taille des positions est nécessaire pour gérer efficacement les risques. Les traders doivent allouer un pourcentage approprié de leur capital commercial à chaque transaction, en tenant compte de leur tolérance au risque et de leur perte potentielle si la transaction va à leur encontre.

Définir des points d'entrée et de sortie à l'aide d'une analyse technique est un aspect fondamental d'un trading réussi sur le marché des crypto-monnaies. En utilisant des modèles graphiques, des indicateurs et des stratégies, les traders peuvent identifier les points d'entrée optimaux pour lancer des transactions et déterminer les points de sortie appropriés pour garantir des profits ou limiter les pertes.

Cependant, il ne faut pas se fier uniquement à l'analyse technique et les traders doivent envisager d'autres formes d'analyse et de techniques de gestion des risques. L'apprentissage continu, l'adaptation et la mise à jour des tendances du marché sont essentiels pour optimiser les performances commerciales.

En conclusion, l'analyse technique offre aux traders une approche systématique pour définir les points d'entrée et de sortie du trading de crypto-monnaies. En comprenant et en appliquant efficacement ces outils, les traders peuvent améliorer leur processus de prise de décision, augmenter la probabilité de réussite des transactions et améliorer leurs performances globales de trading sur le marché dynamique et en constante évolution des crypto-monnaies.

ChapitreVI :Gérervotreportefeuillede crypto-monnaies

Suivi et surveillance de vos investissements en crypto-monnaie

Les crypto-monnaies ont connu une croissance remarquable ces dernières années, attirant des investisseurs de tous horizons. Suivre et surveiller efficacement ses actifs devient une considération de plus en plus importante pour les investisseurs à mesure que le marché des cryptomonnaies continue de se développer et de se développer. Cette section approfondit l'importance du suivi et de la surveillance des investissements en crypto-monnaie et fournit un aperçu des stratégies et des outils pour une gestion de portefeuille réussie. En comprenant l'importance du suivi et de la surveillance, les investisseurs peuvent prendre des décisions éclairées, s'adapter aux conditions du marché et maximiser leurs retours sur investissement.

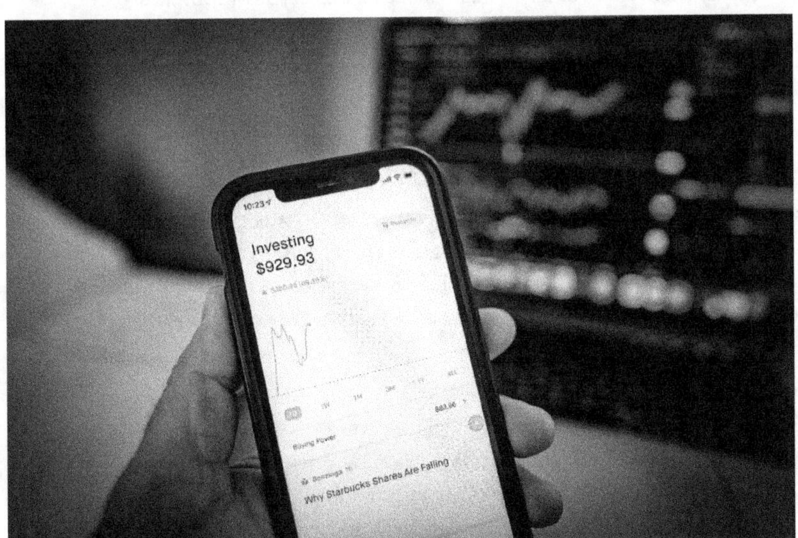

Le suivi et la surveillance des investissements en crypto-monnaie permettent aux investisseurs d'évaluer la performance de leurs portefeuilles. En évaluant régulièrement leurs investissements, les investisseurs peuvent identifier quelles crypto-monnaies fonctionnent bien et lesquelles nécessitent une attention particulière. Cette évaluation fournit des informations précieuses sur l'efficacité des stratégies d'investissement et aide à prendre des décisions éclairées pour l'optimisation du portefeuille.

Un suivi et une surveillance efficaces des investissements en crypto monnaies sont essentiels à la gestion des risques. Les investisseurs sont en mesure de reconnaître les risques potentiels pesant sur leurs actifs et de prendre les mesures nécessaires pour gérer ces risques s'ils surveillent attentivement leurs portefeuilles. Cela inclut la diversification des avoirs, la définition d'ordres stop-loss et la mise à jour des tendances du marché et des actualités susceptibles d'avoir un impact sur leurs investissements.

Le suivi et la surveillance des investissements informent les investisseurs sur les tendances et les évolutions du marché. Les investisseurs peuvent obtenir un aperçu de la dynamique du marché en observant de près les mouvements de prix, le sentiment du marché et les actualités liées à des crypto-monnaies spécifiques. Ces connaissances permettent aux investisseurs de prendre des décisions éclairées et de capitaliser sur les opportunités émergentes dans le paysage en constante évolution des crypto-monnaies.

Les investisseurs devraient procéder à des évaluations régulières de leur portefeuille de crypto-monnaies. Cela implique d'examiner les avoirs, d'analyser les performances et de comparer les résultats par rapport aux objectifs d'investissement prédéfinis. En évaluant régulièrement le portefeuille, les investisseurs peuvent identifier les forces, les faiblesses et les domaines qui nécessitent des ajustements pour s'aligner sur leurs objectifs d'investissement. Le suivi et la surveillance des investissements en crypto-monnaie nécessitent de rester à jour avec les données du marché en temps réel. Cela peut être accompli via des échanges de crypto-monnaies, des plateformes d'informations financières et des applications dédiées à la gestion de portefeuille. Les investisseurs peuvent prendre des décisions rapides sur la base d'informations précises en surveillant les prix en temps réel, les volumes de transactions et les tendances du marché.

Les investisseurs doivent utiliser des outils d'analyse des performances pour évaluer les performances de leurs investissements en cryptomonnaies. Cela comprend l'analyse des rendements, de la volatilité et des mesures ajustées au risque. L'analyse des performances aide les investisseurs à comprendre quelles crypto-monnaies contribuent positivement à leur portefeuille et lesquelles peuvent nécessiter une réévaluation ou des ajustements potentiels.

La diversification est une stratégie clé de gestion des risques. En diversifiant leurs avoirs en crypto-monnaies sur diverses pièces, jetons et secteurs, les investisseurs peuvent réduire le risque associé aux actifs individuels. Le suivi de l'allocation d'actifs et la garantie d'un portefeuille bien équilibré contribuent à atténuer les pertes potentielles et améliorent les chances de saisir des opportunités rentables.

Il est essentiel de conserver des enregistrements précis des transactions et des échanges pour un suivi et une surveillance efficaces. Les investisseurs doivent enregistrer des détails tels que les points d'entrée et de sortie, la taille des transactions et les frais de transaction. Ces informations permettent de suivre les performances des transactions individuelles, d'évaluer l'exactitude des décisions d'investissement et de maintenir la conformité aux réglementations fiscales.

Les applications et plateformes de suivi de portefeuille offrent des outils complets pour suivre et surveiller les investissements en crypto-monnaies. Ces outils consolident les avoirs, fournissent des données de marché en temps réel et offrent des fonctionnalités de suivi des performances, d'alertes de prix et d'analyse de portefeuille. Les exemples populaires incluent Block Folio, Delta et ConStats.

Les bourses de crypto-monnaie fournissent souvent des outils de gestion de portefeuille intégrés qui permettent aux investisseurs de suivre leurs avoirs au sein de la plateforme d'échange. Ces outils offrent des mises à jour en temps réel, un historique des transactions et des données de marché spécifiques aux actifs détenus en bourse. L'utilisation des fonctionnalités de gestion de portefeuille fournies par les bourses simplifie le suivi et la surveillance pour les investisseurs.

De nombreux sites Web fournissent des données sur les prix et le marché des crypto-monnaies. Ces plateformes offrent un suivi des prix en temps réel, des graphiques historiques et des données sur les volumes de transactions et la capitalisation boursière. Les exemples incluent CoinMarketCap et CoinGecko. En tirant parti de ces sites Web, les investisseurs peuvent accéder à des données de marché complètes à des fins de suivi et de surveillance.

Les investisseurs peuvent utiliser des outils d'analyse fondamentale et technique pour améliorer leurs efforts de suivi et de surveillance. L'analyse fondamentale consiste à évaluer les facteurs sous-jacents qui ont un impact sur la valeur des crypto-monnaies, tels que les innovations technologiques, les équipes de projet, les partenariats et la demande du marché. Grâce à l'examen des modèles de prix, des tendances et des indications, le but de l'analyse technique est d'identifier les points d'entrée et de sortie possibles dans un scénario de trading. En intégrant ces outils, les investisseurs peuvent obtenir des informations plus approfondies sur les performances et les perspectives de leurs investissements.

Les investisseurs doivent régulièrement examiner leur portefeuille de crypto-monnaies pour évaluer les performances et identifier les domaines qui nécessitent des ajustements. Cela comprend l'évaluation des objectifs d'investissement, le rééquilibrage des avoirs et l'ajustement de la répartition des actifs en fonction des conditions du marché.

La mise en œuvre de stratégies de gestion des risques est cruciale pour suivre et surveiller les investissements en crypto-monnaies. La définition d'ordres stop-loss permet de se protéger contre des pertes importantes en déclenchant automatiquement un ordre de vente lorsque le prix atteint un niveau prédéterminé. Ce mécanisme garantit une gestion disciplinée des risques et limite les baisses potentielles.

Les investisseurs doivent rester informés des tendances du marché, des actualités et des évolutions réglementaires pour suivre et surveiller efficacement les investissements en cryptomonnaies. S'engager dans un apprentissage continu, suivi des sources réputées et participer à des communautés de crypto monnaies sont essentiels pour prendre des décisions éclairées et s'adapter au paysage des crypto monnaies en constante évolution.

Le suivi et la surveillance des investissements en crypto monnaies font partie intégrante d'une gestion de portefeuille réussie. En évaluant les performances, en gérant les risques et en restant informés, les investisseurs peuvent optimiser en toute confiance leurs retours sur investissement et naviguer sur le marché dynamique des crypto-monnaies.

En adoptant des stratégies de suivi et de surveillance, en utilisant des outils et des technologies et en suivant les meilleures pratiques, les investisseurs peuvent prendre des décisions éclairées, s'adapter aux conditions du marché et maximiser le potentiel de leurs investissements en crypto monnaies.

En conclusion, le suivi et la surveillance des investissements en crypto monnaies permettent aux investisseurs de rester informés, de gérer les risques et d'optimiser les performances de leur portefeuille. Le marché des crypto-monnaies se développe à un rythme rapide, ce qui rend plus important que jamais de pouvoir suivre et surveiller efficacement les actifs afin d'obtenir des résultats rentables dans ce paysage d'investissement dynamique et en constante évolution.

Rééquilibrage du portefeuille et ajustement des allocations en fonction des conditions de marché

L'investissement en crypto-monnaie offre aux investisseurs des opportunités intéressantes de participer au marché des actifs numériques en évolution rapide. Cependant, la nature volatile des cryptomonnaies nécessite des stratégies de gestion de portefeuille efficaces, notamment un rééquilibrage et un ajustement des allocations en fonction des conditions du marché. Cette section explore l'importance du rééquilibrage du portefeuille et des ajustements d'allocation dans l'investissement en crypto-monnaie et donne un aperçu des facteurs qui influencent ces décisions. En comprenant l'importance de ces pratiques, les investisseurs peuvent optimiser leurs portefeuilles, atténuer les risques et augmenter leurs chances de réussir leurs investissements à long terme.

Le rééquilibrage d'un portefeuille de crypto-monnaies permet aux investisseurs d'optimiser le compromis risque-rendement. Les investisseurs peuvent s'assurer que leurs portefeuilles correspondent à leur tolérance au risque et à leurs objectifs d'investissement en ajustant périodiquement les allocations. Ce processus permet de maintenir un niveau approprié d'exposition au risque et de maximiser les rendements potentiels.

Le marché des crypto-monnaies est connu pour sa forte volatilité et les fluctuations rapides qu'il connaît. Le rééquilibrage et l'ajustement des allocations permettent aux investisseurs de s'adapter aux conditions changeantes du marché. Les investisseurs peuvent capitaliser sur les opportunités émergentes et atténuer les risques potentiels en surveillant de près les tendances et les performances du marché.

Le rééquilibrage aide les investisseurs à maintenir un portefeuille diversifié de crypto-monnaies. Étant donné que les différentes crypto-monnaies présentent des niveaux de performance variables, le rééquilibrage garantit que le portefeuille reste équilibré entre différents actifs et secteurs. Cette diversification répartit le risque et réduit l'impact de la volatilité des actifs individuels.

La performance du marché est un facteur clé qui influence le rééquilibrage du portefeuille. Si certaines cryptomonnaies surperforment d'autres, leur poids dans le portefeuille peut dépasser l'allocation souhaitée. Le rééquilibrage implique la vente de certains actifs sous performants et la réallocation du produit vers des actifs sous-performants ou sous-évalués.

Le rééquilibrage est crucial pour une gestion efficace des risques. Si la volatilité d'une crypto-monnaie spécifique dépasse le seuil de risque souhaité, le rééquilibrage implique de réduire son allocation pour atténuer le risque. Cela garantit que le portefeuille reste aligné sur l'appétit pour le risque de l'investisseur.

Les objectifs d'investissement et les horizons temporels jouent un rôle important dans les décisions de rééquilibrage. Les investisseurs à long terme ayant une tolérance au risque plus élevée peuvent rééquilibrer moins fréquemment, se concentrant sur leurs objectifs à long terme. En revanche, les investisseurs à court terme ou ceux ayant des objectifs d'investissement spécifiques peuvent fréquemment rééquilibrer pour profiter des opportunités de marché à court terme.

Des facteurs externes, tels que les changements réglementaires, l'actualité du marché et les progrès technologiques, peuvent avoir un impact sur les décisions de rééquilibrage. Des événements importants peuvent nécessiter des ajustements des allocations pour tenir compte de l'évolution des conditions du marché et des changements potentiels dans la valeur des crypto-monnaies.

Le rééquilibrage basé sur un calendrier implique la définition d'intervalles prédéterminés, par exemple trimestriels ou annuels, pour examiner et ajuster les allocations de portefeuille. Cette approche systématique garantit un suivi et un ajustement réguliers, quelles que soient les fluctuations du marché à court ter me.

Le rééquilibrage basé sur des seuils implique la définition de seuils ou de tolérances spécifiques pour chaque actif du portefeuille. Lorsque l'allocation d'un actif s'écarte au-delà du seuil prédéterminé, un rééquilibrage a lieu pour le ramener en ligne avec les objectifs souhaités.

Le rééquilibrage opportuniste consiste à capitaliser sur des opportunités de marché ou des événements importants pour ajuster les allocations du portefeuille. Les investisseurs surveillent activement le marché et procèdent à des ajustements lorsqu'ils identifient des actifs sous-évalués ou des changements potentiels dans les tendances du marché.

Le rééquilibrage dynamique est une approche plus proactive qui intègre plusieurs facteurs, notamment les conditions du marché, les objectifs d'investissement et la gestion des risques. Cela implique une surveillance continue du portefeuille et des ajustements en fonction de la dynamique du marché en temps réel. Cette stratégie permet aux investisseurs de réagir rapidement aux conditions changeantes et d'optimiser la performance de leur por tefeuille.

Les investisseurs doivent surveiller de près les performances constantes de leur portefeuille de crypto-monnaies. Rester informé des tendances, des actualités et des événements du marché permet d'identifier en temps opportun les opportunités de rééquilibrage. Cela garantit que le portefeuille reste aligné sur les objectifs de l'investisseur.

Avant de lancer un rééquilibrage, les investisseurs doivent réévaluer leur tolérance au risque et leurs objectifs d'investissement. Cette évaluation permet de déterminer l'allocation d'actifs souhaitée et le niveau d'exposition au risque adapté à leurs objectifs d'investissement.

Même si les fluctuations du marché à court terme peuvent inciter les investisseurs à procéder à des ajustements fréquents, il est essentiel de conserver une perspective à long terme. Les décisions de rééquilibrage doivent s'aligner sur les objectifs d'investissement à long terme, en évitant les comportements réactifs basés sur le bruit du marché à court terme.

Les investisseurs devraient tenir compte des implications fiscales du rééquilibrage et des ajustements d'allocation. La vente d'actifs peut déclencher des événements imposables, selon la juridiction. Comprendre les règles fiscales et demander des conseils professionnels peuvent contribuer à optimiser l'efficacité fiscale des stratégies de rééquilibrage.

Le rééquilibrage du portefeuille et les ajustements d'allocation sont des éléments essentiels d'une gestion efficace du portefeuille de crypto-monnaies. En rééquilibrant les portefeuilles, les investisseurs peuvent optimiser le risque et le rendement, s'adapter aux conditions du marché et maintenir la diversification. Des facteurs tels que la performance du marché, la gestion des risques, les objectifs d'investissement et les événements externes influencent ces décisions. La mise en œuvre de stratégies et de meilleures pratiques de rééquilibrage permet aux investisseurs de naviguer plus efficacement sur le marché dynamique des cryptomonnaies et d'augmenter leurs chances de succès d'investissement à long terme.

En conclusion, le rééquilibrage du portefeuille de crypto-monnaies et les ajustements d'allocation font partie intégrante du maintien d'un portefeuille bien structuré qui s'aligne sur les objectifs d'investissement et s'adapte aux conditions changeantes du marché. En employant ces pratiques, les investisseurs peuvent optimiser leurs portefeuilles, gérer les risques et améliorer la performance globale de leurs investissements dans les crypto-monnaies.

Implications fiscales des investissements en crypto-monnaie

Les investissements en crypto-monnaie ont gagné en popularité, attirant les investisseurs cherchant à capitaliser sur les rendements potentiels offerts par cette classe d'actifs émergente. Cependant, comme les cryptomonnaies évoluent dans un paysage réglementaire unique et en évolution, les investisseurs doivent comprendre les implications fiscales de leurs investissements. Cette section approfondit les considérations fiscales spécifiques aux investissements en crypto monnaies, y compris les concepts clés, les événements imposables, les obligations de déclaration et les stratégies d'optimisation fiscale. En comprenant les implications fiscales, les investisseurs peuvent naviguer dans le paysage fiscal complexe et garantir la conformité tout en maximisant leurs retours sur investissement.

Les crypto-monnaies présentent des considérations fiscales uniques en raison de leur nature décentralisée, de leurs transactions transfrontalières et de l'absence d'une autorité de régulation centrale. Les autorités fiscales du monde entier se demandent comment classer et taxer les crypto-monnaies, ce qui entraîne des approches et des cadres réglementaires variés.

Comprendre et respecter les obligations fiscales est crucial pour les investisseurs en crypto monnaies afin d'éviter les pénalités, les conséquences juridiques et les risques de réputation. En adhérant aux réglementations fiscales,

les investisseurs contribuent à la légitimité globale et à l'acceptation des crypto-monnaies en tant que classe d'actifs dominante.

La vente ou l'échange de crypto-monnaies est un événement imposable. La réalisation de gains ou de pertes se produit lorsque les crypto-monnaies sont vendues contre une monnaie fiduciaire (telle que l'USD, l'EUR) ou échangées contre d'autres crypto-monnaies.

Les revenus générés par l'extraction de crypto monnaies sont généralement imposables comme un revenu ordinaire. Au moment de la réception, la juste valeur des parts sur le marché est prise en compte comme montant du revenu imposé.

Les paiements en crypto-monnaie effectués aux employés, sous-traitants ou prestataires de services sont soumis à des exigences de retenue d'impôt sur le revenu et de déclaration. Ces paiements sont traités comme un revenu ordinaire à la juste valeur marchande de la crypto monnaie au moment du paiement.

Les offres initiales de pièces (ICO) et les ventes de jetons peuvent déclencher des événements imposables en fonction de leur nature. Si une offre de crypto-monnaie est considérée comme un titre, elle peut être soumise à une réglementation en matière de valeurs mobilières et à un traitement fiscal similaire à celui des offres de titres traditionnelles.

La tenue de registres détaillés des transactions en crypto monnaies est essentielle pour une déclaration fiscale précise. Les dossiers doivent inclure les dates d'acquisition et de vente, la juste valeur marchande au moment de chaque transaction, les frais de transaction et tout autre détail pertinent.

Dans de nombreuses juridictions, les gains et pertes en capital provenant des investissements en crypto monnaies doivent être déclarés dans les déclarations de revenus. Aux fins du calcul des profits et pertes sur investissements, il est nécessaire de connaître d'abord le coût de base, également appelé coût d'acquisition, ainsi que la juste valeur marchande au moment de la vente ou de l'échange.

Certaines juridictions exigent la déclaration des transactions crypto-crypto-crypto, les traitant comme des événements imposables similaires aux transactions crypto-monnaies. Les investisseurs doivent calculer et déclarer les gains ou les pertes sur la base de la juste valeur marchande des crypto-monnaies concernées.

Les investissements en crypto-monnaie ayant des implications transfrontalières introduisent des complexités supplémentaires. Les investisseurs doivent être conscients des obligations fiscales potentielles dans différentes juridictions et envisager de demander conseil à des fiscalistes familiers avec les lois fiscales inter nationales.

De nombreuses juridictions offrent un traitement fiscal favorable aux plus-values àlongterme,incitantlesinvestisseursàdétenirdes crypto-monnaies pendant des périodes plus longues. En détenant des investissements pendant plus d'un an, les investisseurs peuvent bénéficier de taux d'imposition inférieurs sur leurs gains.

La récolte des pertes fiscales consiste à vendre des crypto-monnaies sous-performantespourcompenserlesplus-values etréduirelerevenu imposable. Les investisseurs peuvent vendre stratégiquement des actifs dont la valeur a diminué afin de minimiser les obligations fiscales.

Le don de crypto-monnaies à des organisations caritatives dans certaines juridictions peut offrir des avantages fiscaux, notamment des déductions potentielles. Les investisseurs devraient consulter des fiscalistes pour comprendre les exigences spécifiques et les implications du don de cr ypto-monnaies.

Compte tenu de la complexité de la fiscalité des crypto-monnaies, demander conseil à des fiscalistes qualifiés possédant une expertise dans les crypto-monnaies peut aider les investisseurs à comprendre les subtilités de la conformité fiscale, à optimiser leur situation fiscale et à garantir une déclaration appropriée.

Les gouvernements du monde entier élaborent activement des réglementations pour répondre aux implications fiscales des crypto-monnaies. Les investisseurs doivent rester informés de l'évolution de la réglementation pour rester en conformité et adapter leurs stratégies fiscales en conséquence.

La coopération internationale entre les autorités fiscales s'intensifie à mesure que le marché des crypto-monnaies se développe à l'échelle mondiale. Des efforts sont déployés pour établir des directives fiscales standardisées afin de répondre aux transactions transfrontalières et aux problèmes d'évasion fiscale.

Comprendre les implications fiscales des investissements en crypto monnaies est crucial pour les investisseurs cherchant à maximiser leurs rendements tout en garantissant le respect de la réglementation fiscale. Les événements imposables tels que les ventes, les revenus miniers et les paiements en crypto monnaie nécessitent une tenue de registres précise et des rapports appropriés. Des stratégies telles que les périodes de détention, la récolte des pertes fiscales et les contributions caritatives peuvent optimiser la situation fiscale. Compte tenu de l'évolution du paysage réglementaire, une vigilance continue et la consultation des professionnels de la fiscalité sont essentielles pour s'adapter aux cadres fiscaux changeants et se conformer aux obligations de déclaration.

En conclusion, les investisseurs en crypto monnaies doivent se renseigner de manière proactive sur les implications fiscales de leurs investissements. En restant informés, en respectant les réglementations fiscales et en mettant en œuvre des stratégies d'optimisation fiscale, les investisseurs peuvent naviguer avec succès dans le paysage fiscal, minimiser les obligations fiscales et contribuer à une acceptation et une légitimité plus larges des crypto-monnaies en tant que classe d'actifs d'investissement.

Mesures de sécurité pour protéger vos avoirs en crypto-monnaie

La popularité et la valeur croissante des crypto-monnaies ont engendré de nouveaux défis en termes de sécurité. Avec le stockage des actifs numériques dans des réseaux décentralisés et la montée des cybermenaces, il est devenu impératif pour les détenteurs de crypto-monnaies de mettre en œuvre des mesures de sécurité robustes pour protéger leurs investissements. Cette section examine l'importance des mesures de sécurité pour protéger les avoirs en cryptomonnaies et explore diverses pratiques et technologies susceptibles d'améliorer la sécurité des actifs numériques. En comprenant et en mettant en œuvre des mesures de sécurité efficaces, les investisseurs peuvent atténuer les risques de vol, de fraude et d'accès non autorisé, garantissant ainsi la sécurité et l'intégrité de leurs avoirs en cryptomonnaies.

Les avoirs en crypto monnaies sont des cibles attractives pour les cybercriminels en raison de leur valeur potentielle. La mise en œuvre de mesures de sécurité robustes permet de se protéger contre les tentatives de piratage, les attaques de phishing et autres cybermenaces, en protégeant les actifs numériques contre tout accès non autorisé.

Les cryptomonnaies sont stockées dans des portefeuilles numériques, et si ces portefeuilles sont compromis, les fonds peuvent être volés ou transférés frauduleusement. En mettant en œuvre des mesures de sécurité, telles qu'une authentification et un cryptage forts, les investisseurs peuvent réduire considérablement le risque de vol et de fraude, garantissant ainsi l'intégrité de leurs avoirs en crypto monnaies.

La confidentialité est une préoccupation cruciale dans le monde des crypto-monnaies. La mise en œuvre de mesures de sécurité, telles que des adresses de portefeuille anonymes et des communications cryptées, contribue à protéger l'identité des utilisateurs et les informations transactionnelles, en préservant la confidentialité et en réduisant le risque d'usurpation d'identité.

L'utilisation de mots de passe forts et uniques pour les portefeuilles et comptes de crypto-monnaies est essentielle. De plus, l'activation de l'authentification à deux facteurs ajoute une couche de sécurité supplémentaire au système en exigeant l'utilisation d'une deuxième méthode de vérification, telle qu'un code transmis à un appareil mobile, avant que les utilisateurs ne soient autorisés à accéder à leurs comptes.

Les portefeuilles matériels offrent un stockage hors ligne des clés privées, les gardant isolées des appareils connectés à Internet. Ces appareils physiques améliorent la sécurité en protégeant les clés privées et en protégeant contre les menaces en ligne. Ils sont largement considérés comme l'une des alternatives les plus sûres disponibles en matière de stockage de crypto-monnaies.

Les portefeuilles multi-signatures nécessitent plusieurs signatures autorisées pour lancer des transactions, ajoutant ainsi une couche de sécurité supplémentaire. Ce mécanisme empêche tout accès non autorisé et atténue le risque de points de défaillance uniques. Les portefeuilles multi-signatures sont avantageux pour les entreprises et les comptes conjoints.

Le stockage à froid consiste à stocker les crypto-monnaies hors ligne, loin des appareils connectés à Internet. Cette stratégie offre une protection contre les menaces Internet et réduit la probabilité que les portefeuilles soient piratés ou qu'un accès non autorisé leur soit accordé. Les options de stockage à froid incluent des portefeuilles papier et des portefeuilles matériels.

Garder les logiciels, les portefeuilles et les applications à jour est crucial pour remédier aux vulnérabilités de sécurité. Les développeurs publient fréquemment des mises à jour et des correctifs pour répondre aux menaces émergentes et améliorer les fonctionnalités de sécurité. La mise à jour régulière du logiciel permet de maintenir l'intégrité des avoirs en cryptomonnaies.

L'utilisation de connexions Internet sécurisées et fiables, telles que les réseaux privés virtuels (VPN), contribue à vous protéger contre les attaques basées sur le réseau. Éviter les réseaux Wi-Fi publics et adopter des habitudes de navigation sûres, comme éviter les sites Web suspects et les tentatives de phishing, renforce encore la sécurité.

Il est essentiel de sauvegarder régulièrement les portefeuilles de crypto-monnaies et de stocker les sauvegardes en toute sécurité. Avoir des sauvegardes de vos avoirs en crypto-monnaie garantit que vous pourrez les récupérer en cas de perte, de vol ou d'endommagement de votre appareil. Les sauvegardes peuvent être stockées sur des appareils externes cryptés ou sur un stockage cloud sécurisé.

La réalisation de transactions hors ligne, également appelées transactions « air-gapped », offre un niveau de sécurité supplémentaire. En générant des transactions sur un appareil hors ligne, puis en les transférant vers un appareil en ligne pour les diffuser, le risque d'exposition aux menaces en ligne est minimisé.

Il est crucial de procéder à des évaluations des risques et à une diligence raisonnable sur les plateformes, les portefeuilles et les échanges de crypto-monnaies. Le choix de fournisseurs réputés ayant de solides antécédents en matière de sécurité améliore la sécurité des avoirs en crypto-monnaies. Il est essentiel de rechercher et de sélectionner des plateformes qui priorisent les mesures de sécurité.

Les investisseurs doivent se renseigner sur les risques de sécurité courants, les vecteurs d'attaque et les meilleures pratiques en matière de sécurité des crypto-monnaies. Rester informé des menaces et des tendances émergentes dans le paysage de la cybersécurité aide les investisseurs à protéger leurs avoirs de manière proactive.

Il est essentiel de suivre des sources fiables, les actualités du secteur et les mises à jour de sécurité liées aux crypto-monnaies et à la technologie blockchain. Cela informe les investisseurs sur les dernières mesures de sécurité, les vulnérabilités et les meilleures pratiques.

La mise en œuvre de mesures de sécurité robustes est primordiale pour protéger les avoirs en crypto-monnaies à l'ère numérique marquée par des cybermenaces croissantes. En adoptant les meilleures pratiques telles que des mots de passe forts, l'authentification à deux facteurs, les portefeuilles matériels et le stockage frigorifique, les investisseurs peuvent améliorer considérablement la sécurité de leurs actifs numériques. Des mises à jour logicielles régulières, des pratiques réseau sécurisées et des procédures de sauvegarde renforcent encore la sécurité. De plus, effectuer des transactions hors ligne, effectuer une diligence raisonnable et rester informé des tendances émergentes en matière de sécurité contribuent à la posture de sécurité globale.

En donnant la priorité à la sécurité et en adhérant aux meilleures pratiques, les investisseurs peuvent réduire les risques de vol, de fraude et d'accès non autorisé à leurs avoirs en cryptomonnaies. Cela renforce la confiance dans l'écosystème des crypto-monnaies et permet aux investisseurs de naviguer en toute confiance dans le paysage des actifs numériques. À mesure que le marché des cryptomonnaies continue d'évoluer, garantir la sécurité des actifs numériques devient une partie intégrante des stratégies d'investissement réussies en cryptomonnaies.

ChapitreVII :Naviguersurlemarchédes crypto-monnaies

Comprendre les cycles du marché et leur impact sur les investissements en cryptomonnaies

Le marché des cryptomonnaies est volatil, caractérisé par des fluctuations rapides des prix et un changement de sentiment des investisseurs. Comprendre les cycles du marché est crucial pour les investisseurs en crypto monnaies, car cela fournit des informations précieuses sur la dynamique des mouvements de prix et aide à identifier les opportunités et les risques d'investissement potentiels. Cette section explore le concept des cycles de marché, leurs phases et leur impact sur les investissements en cryptomonnaies. En comprenant les cycles du marché, les investisseurs peuvent prendre des décisions plus éclairées, atténuer les risques et maximiser leurs rendements potentiels.

Les cycles de marché font référence aux modèles et étapes récurrents sur les marchés financiers, y compris les cryptomonnaies. Divers facteurs, tels que le sentiment des investisseurs, la psychologie du marché et les événements externes, déterminent ces cycles. Les caractéristiques uniques du marché des cryptomonnaies contribuent à l'intensité et à la fréquence des cycles de marché.

Les cryptomonnaies sont connues pour leur forte volatilité, amplifiant l'amplitude du cycle de marché. Les fluctuations de prix au cours des différentes phases du cycle peuvent être importantes, présentant à la fois des opportunités et des risques pour les investisseurs.

La phase d'accumulation marque le bas du cycle de marché, caractérisé par des prix bas et un sentiment pessimiste. Au cours de cette phase, les investisseurs avisés accumulent des crypto-monnaies à des prix réduits, anticipant une future appréciation des prix.

La phase de majoration suit la phase d'accumulation et représente une période de sentiment haussier et de hausse des prix. Des nouvelles positives, une adoption croissante et un intérêt croissant des investisseurs contribuent à la dynamique haussière des prix. Cette phase est souvent associée à des hausses de prix importantes et à une ferveur spéculative.

La phase de distribution se produit lorsque les prix atteignent un sommet et commencent à montrer des signes de faiblesse. Le sentiment du marché passé haussier à prudent alors que les premiers investisseurs commencent à prendre des bénéfices et à vendre leurs avoirs. Cette phase se caractérise par une pression de vente croissante et un changement potentiel du sentiment du marché.

La phase de démarque succède à la phase de distribution, caractérisée par une baisse des prix et un pessimisme croissant. Le sentiment du marché devient baissier et les investisseurs peuvent ressentir de la peur, de l'incertitude et des ventes de panique. Cette phase offre aux investisseurs à long terme la possibilité d'accumuler des crypto-monnaies à des prix inférieurs.

La psychologie des investisseurs joue un rôle important dans les cycles de marché. Des émotions telles que la peur, la cupidité et l'optimisme déterminent le sentiment du marché et contribuent à la formation de cycles. Comprendre et analyser le sentiment du marché peut aider les investisseurs à évaluer l'orientation du marché et à prendre des décisions d'investissement éclairées.

Les déséquilibres de l'offre et de la demande influencent les cycles du marché. Lorsque la demande dépasse l'offre, les prix ont tendance à augmenter, entraînant la phase de majoration. À l'inverse, lorsque l'offre dépasse la demande, les prix baissent, entraînant une phase de démarque. L'adoption, les évolutions réglementaires et les progrès technologiques ont un impact sur la dynamique de l'offre et de la demande.

Les événements externes, tels que les annonces réglementaires, les actualités du marché et les facteurs économiques mondiaux, peuvent avoir un impact significatif sur les cycles du marché. Les nouvelles positives ou négatives peuvent déclencher des changements dans le sentiment des investisseurs, entraînant des changements brusques dans l'orientation du marché.

Comprendre les cycles du marché aide les investisseurs à gérer efficacement les risques. La mise en œuvre de stratégies de gestion des risques, telles que la définition d'ordres stop-loss et la diversification des investissements, peuvent protéger contre les ralentissements potentiels et limiter les pertes pendant les phases baissières.

Mener une analyse fondamentale approfondie des crypto-monnaies peut aider à identifier des projets solides avec un potentiel à long terme. Se concentrer sur des facteurs tels que l'expertise de l'équipe, la technologie, l'adoption et les partenariats aide les investisseurs à identifier les crypto-monnaies susceptibles de bien performer dans différents cycles de marché.

Les outils d'analyse technique tels que les modèles graphiques, les indicateurs et l'analyse des tendances peuvent fournir des informations sur les cycles du marché et les points d'entrée et de sortie potentiels. L'analyse technique aide les investisseurs à identifier les tendances, les niveaux de support et de résistance, ainsi que les modèles de prix, améliorant ainsi la prise de décision au cours des différentes phases du cycle.

La moyenne des coûts en dollars consiste à investir régulièrement un montant fixe dans des crypto-monnaies, quelles que soient les fluctuations des prix. Cette stratégie réduit l'impact de la volatilité des marchés à court terme et permet aux investisseurs d'accumuler des crypto-monnaies au fil du temps, bénéficiant potentiellement des différentes phases des cycles de marché.

Comprendre les cycles du marché est crucial pour naviguer sur le marché dynamique des crypto-monnaies. Reconnaître les phases distinctes et les facteurs qui influencent ces cycles permet aux investisseurs de prendre des décisions éclairées et de maximiser les retours sur investissement. La psychologie du marché, la dynamique de l'offre et de la demande et les événements externes contribuent à la formation des cycles du marché, et l'analyse de ces facteurs peut aider à anticiper les mouvements du marché.

En mettant en œuvre des stratégies de gestion des risques, l'analyse fondamentale, l'analyse technique et de moyenne des coûts, les investisseurs peuvent naviguer plus efficacement dans les cycles du marché. Il est essentiel d'aborder les investissements en crypto monnaies dans une perspective à long terme, en tenant compte de la nature cyclique du marché et en se préparant aux différentes phases.

En conclusion, les cycles de marché font partie intégrante du paysage des crypto-monnaies. Adopter ces cycles et comprendre leur impact sur les investissements permet aux investisseurs de prendre des décisions éclairées, de gérer les risques et de capitaliser sur les opportunités. En combinant leur connaissance des cycles de marché avec des stratégies d'investissement solides, les investisseurs peuvent naviguer en toute confiance sur le marché volatil des cryptomonnaies et augmenter leurs chances de réussite à long terme.

Identifier et éviter les pièges et escroqueries courants

À mesure que l'utilisation des crypto-monnaies continue de se généraliser, le risque d'être la proie de pratiques frauduleuses et de pièges dans le paysage de l'investissement en crypto-monnaie augmente également. La nature décentralisée et non réglementée des crypto-monnaies en fait un terrain fertile pour les fraudeurs et les escrocs cherchant à exploiter des investisseurs sans méfiance. Cette section explore les pièges et les escroqueries courantes qui prévalent dans les investissements en cryptomonnaies, fournissant ainsi aux investisseurs les connaissances nécessaires pour les identifier et les éviter. En comprenant les signes avant-coureurs et en mettant en œuvre des mesures préventives, les investisseurs peuvent protéger leurs investissements et prendre des décisions éclairées sur le marché des crypto-monnaies.

Les investissements en crypto-monnaie offrent un potentiel de rendement important, attirant les investisseurs cherchant à capitaliser sur la nature volatile du marché. Cependant, l'attrait des rendements élevés aveugle souvent les investisseurs sur les risques qui les accompagnent.

La nature décentralisée et non réglementée des crypto-monnaies crée un terrain fertile pour les activités frauduleuses. L'absence de surveillance et de responsabilité expose les investisseurs à divers risques, notamment les escroqueries, les stratagèmes à la Ponzi et les manipulations de marché.

Avant d'investir dans les crypto-monnaies, l'une des erreurs les plus courantes que commettent les gens est de ne pas effectuer de recherches adéquates et de négliger de faire preuve de diligence raisonnable. Les investisseurs devront peut-être accorder davantage d'attention à des facteurs critiques tels que la crédibilité du projet, l'expertise de l'équipe, la viabilité technologique et la demande du marché.

La prise de décision émotionnelle, motivée par la peur de rater quelque chose (FOMO) ou le désir de profits rapides, peut conduire à de mauvais choix d'investissement. Si vous portez des jugements spontanés sur la base du battage médiatique du marché ou des tendances à court terme, vous risquez davantage de perdre de l'argent à cause d'escroqueries ou d'investir dans des entreprises de mauvaise qualité.

Négliger les pratiques de gestion des risques, telles que la diversification et la définition d'ordres stop-loss, rend les investisseurs vulnérables à des pertes substantielles. Ne pas évaluer et gérer les risques de manière appropriée peut avoir un impact négatif sur les portefeuilles d'investissement.

Les stratagèmes de Ponzi attirent les investisseurs en promettant des rendements élevés et en utilisant les fonds de nouveaux investisseurs pour rémunérer les anciens investisseurs. Ces systèmes finissent toujours par échouer parce qu'il n'y a jamais suffisamment de nouveaux investissements, ce qui laisse la plupart des participants avec d'importantes pertes.

Les escroqueries liées aux offres initiales de pièces de monnaie (ICO) impliquent des projets frauduleux qui collectent des fonds en vendant des jetons à des investisseurs. Ces projets nécessitent souvent des produits ou des services plus viables, exagèrent les rendements potentiels et peuvent même fabriquer des références et des partenariats d'équipe.

Dans les systèmes de pompage et de vidage, les manipulateurs gonflent artificiellement le prix d'une crypto monnaie au moyen d'informations fausses ou trompeuses. Une fois que le prix a augmenté de manière significative, ils vendent leurs avoirs, provoquant une forte baisse des prix et laissant des pertes aux investisseurs sans méfiance.

Les attaques de phishing et de logiciels malveillants ciblent les détenteurs de crypto-monnaies via de faux sites Web, e-mails ou logiciels qui volent des clés privées et des identifiants de connexion. Ces attaques peuvent entraîner une perte de fonds ou un accès illégal aux portefeuilles de crypto-monnaies.

Effectuer des recherches approfondies sur les projets de crypto-monnaies avant d'investir est crucial. Évaluez les fondamentaux du projet, les références de l'équipe, la technologie, la demande du marché et la réputation de la communauté. S'appuyer sur des sources réputées, des analyses indépendantes et des avis d'experts permet de prendre des décisions d'investissement éclairées.

Abordez les ICO et les ventes de jetons avec scepticisme et faites preuve de diligence raisonnable. Examinez la documentation du projet, les livres blancs et la crédibilité de l'équipe de développement. Recherchez la transparence, une feuille de route de produit viable et des cas d'utilisation précis du jeton.

Choisissez des bourses de crypto-monnaie et des fournisseurs de portefeuille réputés, dotés d'une expérience éprouvée en matière de sécurité et de protection des utilisateurs. Vérifiez leurs licences, leurs mesures de sécurité et les avis des utilisateurs pour garantir la sécurité des fonds.

Faites preuve de prudence lorsque vous êtes confronté à des promesses de rendements garantis ou à des projections de bénéfices excessivement élevées. Méfiez-vous des investissements qui semblent trop beaux pour être vrais et évitez les projets permettant de devenir riche rapidement.

Protégez les informations personnelles et les fonds de crypto-monnaie en utilisant des mots de passe forts, en permettant une authentification à deux facteurs et en mettant régulièrement à jour les logiciels et les micrologiciels.

Méfiez-vous des communications non sollicitées et évitez de cliquer sur des liens suspects.

Consulter des conseillers financiers indépendants ou des experts en cryptomonnaies peut fournir des informations et des conseils précieux. Leur expertise peut aider à identifier les signaux d'alarme, à évaluer les opportunités d'investissement et à éviter les escroqueries.

Signalez les escroqueries et les activités frauduleuses présumées aux autorités compétentes, telles que les régulateurs financiers ou les forces de l'ordre. En signalant de tels incidents, les investisseurs contribuent à l'effort collectif visant à lutter contre les escroqueries et à protéger la communauté plus large des cr ypto-monnaies.

Si vous êtes victime d'une escroquerie ou d'une activité frauduleuse, envisagez de demander des conseils juridiques pour explorer les options de recours possibles. La consultation de professionnels du droit expérimentés dans les questions liées aux cryptomonnaies peut fournir des conseils sur les voies potentielles de recouvrement.

Les investissements en crypto-monnaie offrent des opportunités importantes, mais ils comportent également des risques inhérents. Comprendre les pièges et les escroqueries courantes qui prévalent sur le marché des cryptomonnaies est essentiel pour protéger les investissements. En effectuant des recherches approfondies, en faisant preuve de prudence, en mettant en œuvre de solides pratiques de sécurité et en recherchant des conseils indépendants, les investisseurs peuvent atténuer le risque d'être victime d'escroqueries et d'activités frauduleuses.

Maintenir un état d'esprit sceptique, rester informé des tendances du marché et des évolutions réglementaires et adhérer à de bons principes d'investissement contribuent à prendre des décisions éclairées et à protéger les investissements sur le marché des crypto-monnaies. Alors que l'écosystème des cryptomonnaies continue d'évoluer, la vigilance et les connaissances sont essentielles pour éviter les pièges et les escroqueries, garantissant ainsi l'intégrité et la croissance des investissements en crypto monnaies.

Rester informé des actualités et des développements dans le domaine des crypto-monnaies

Le marché des crypto-monnaies est un paysage en évolution rapide qui est influencé par divers facteurs, notamment les progrès technologiques, les changements réglementaires, les tendances du marché et les événements mondiaux. Se tenir au courant des dernières nouvelles et développements est crucial pour les investisseurs et les passionnés de crypto-monnaies. Cette section explore l'importance de rester informé sur les crypto-monnaies et propose des stratégies pour rester à jour. En se tenant au courant des actualités et des développements, les investisseurs peuvent prendre des décisions éclairées, identifier les opportunités et naviguer plus efficacement sur le marché dynamique des crypto-monnaies.

Rester informé des actualités et des développements fournit des informations précieuses sur les tendances du marché, le sentiment des investisseurs et les opportunités émergentes. Les investisseurs sont mieux à même de saisir la dynamique du marché et de prendre des décisions éclairées quant à l'opportunité d'acheter, de vendre ou de détenir des crypto-monnaies lorsqu'ils disposent d'informations opportunes.

La technologie des crypto-monnaies évolue constamment, avec de nouvelles innovations et mises à jour régulièrement introduites. Se tenir au courant permet aux investisseurs de mieux comprendre les avancées technologiques les plus récentes et la manière dont l'écosystème des cryptomonnaies peut être affecté par ces avancées.

Les évolutions réglementaires ont un impact significatif sur le marché des crypto-monnaies. Rester informé des changements réglementaires et des initiatives gouvernementales aide les investisseurs à anticiper les changements potentiels dans le paysage réglementaire et à adapter leurs stratégies d'investissement en conséquence.

L'espace des cryptomonnaies est vulnérable aux failles de sécurité et aux escroqueries. Rester informé des meilleures pratiques de sécurité, des menaces potentielles et des escroqueries courantes permet aux investisseurs de protéger leurs actifs numériques et d'éviter d'être victimes d'activités frauduleuses.

Interagissez avec des sources d'information réputées qui couvrent largement le marché des crypto-monnaies. Des publications fiables, des sites Web spécifiques à un secteur et des blogs fournissent des informations, des analyses et des idées à jour provenant d'experts dans le domaine.

Suivez des personnalités influentes, des leaders du secteur et des passionnés de crypto-monnaie sur les plateformes de médias sociaux. Leurs publications et mises à jour peuvent fournir des informations précieuses sur les tendances du marché, les nouveaux projets et les opportunités émergentes. La participation à des communautés et forums de crypto-monnaies facilite également les discussions et le partage de connaissances.

Abonnez-vous aux newsletters et aux flux RSS de plateformes d'actualités réputées sur les crypto-monnaies. Ces abonnements fournissent du contenu organisé directement dans votre boîte de réception ou votre flux, vous garantissant ainsi de rester informé sans rechercher activement des actualités.

Assistez à des événements liés aux crypto-monnaies tels que des conférences, des séminaires et des webinaires pour vous tenir au courant des tendances et avancées les plus récentes dans le domaine. Ces événements donnent aux participants l'occasion d'entendre des spécialistes de l'industrie, de réseauter avec d'autres professionnels dans leur domaine et d'acquérir de nouvelles idées pour développer des projets.

Participez aux communautés et forums en ligne dédiés aux crypto-monnaies. Ces plateformes proposent des discussions, des mises à jour d'actualités et des ressources pédagogiques. La participation à ces communautés permet le réseautage, le partage de connaissances et l'accès à des informations précieuses.

Prenez part des applications et des outils de suivi des crypto-monnaies qui fournissent des données de marché en temps réel, des alertes de prix et des fonctionnalités de gestion de portefeuille. Grâce à ces outils, les investisseurs sont mieux à même de surveiller leurs actifs et de rester informés des mouvements du marché et des tendances des prix.

Dans le domaine des crypto-monnaies, la désinformation et les rumeurs peuvent se propager rapidement. Vérifiez la crédibilité des sources d'information et recouper les informations provenant de plusieurs sources fiables avant de prendre des décisions d'investissement. La vérification des faits peut aider à distinguer les informations exactes des fausses affirmations.

L'actualité et les analyses autour des crypto-monnaies peuvent parfois être subjectives, car elles sont impactées par les opinions et préjugés des auteurs. Considérez plusieurs perspectives et idées pour acquérir une compréhension globale du sujet. Cette approche permet de se forger une vision complète des tendances et des évolutions du marché.

Développer des compétences de pensée critique pour évaluer la qualité et la crédibilité de l'information. Méfiez-vous des gros titres clickbait, du sensationnalisme et des affirmations non fondées. Appuyez-vous sur des analyses basées sur des données, des opinions d'experts et des faits vérifiables pour formuler des jugements et prendre des décisions d'investissement.

L'espace des cryptomonnaies regorge de mises à jour et d'actualités constantes. Éliminez les distractions et concentrez-vous sur les données pertinentes pour la réalisation de vos objectifs et plans d'investissement. Cela permet une utilisation plus efficace du temps et aide à prendre des décisions éclairées. Développer une compréhension de l'impact des différentes nouvelles et développements sur le marché des crypto-monnaies. Certaines nouvelles peuvent avoir des effets à court terme, tandis que d'autres peuvent avoir des implications à long terme. Tenez compte du contexte plus large et des conséquences potentielles avant de prendre des décisions d'investissement.

Rester informé des actualités et des développements dans le domaine des crypto-monnaies est vital pour les investisseurs et les passionnés. Il fournit des informations sur les tendances du marché, les avancées technologiques, les changements réglementaires et les pratiques de sécurité. En utilisant des sources d'information fiables, en suivant des personnalités influentes, en assistant à des événements et en participant à des communautés en ligne, les investisseurs peuvent comprendre le paysage des crypto-monnaies de manière globale.

L'évaluation critique des actualités et des informations, la vérification des faits et la prise en compte de différentes perspectives garantissent que les investisseurs prennent des décisions éclairées, fondées sur des informations fiables et précises. Maintenir une perspective à long terme et se concentrer sur des informations pertinentes aide les investisseurs à naviguer plus efficacement sur le marché en constante évolution des crypto-monnaies.

Dans le monde dynamique et en évolution des crypto-monnaies, la connaissance est un pouvoir. Rester informé permet aux investisseurs de saisir les opportunités, d'atténuer les risques et de contribuer à la croissance et au développement de l'écosystème des crypto-monnaies. En prenant des décisions éclairées, les investisseurs peuvent naviguer en toute confiance sur le marché des cryptomonnaies et s'adapter à un paysage en constante évolution.

Apprendre des investisseurs en crypto monnaies à succès et de leurs stratégies

L'investissement dans les crypto-monnaies a été témoin de la montée en puissance de nombreux investisseurs prospères qui ont obtenu des rendements remarquables et apporté des contributions significatives au secteur. Apprendre des expériences et des stratégies de ces investisseurs à succès peut fournir des informations et des conseils précieux aux aspirants investisseurs en cryptomonnaies. Cette section explore l'importance d'étudier les investisseurs en crypto monnaies qui réussissent, met en évidence leurs stratégies notables et discute des leçons qui peuvent être tirées de leurs réalisations. En analysant leurs approches et en intégrant leur sagesse dans leurs pratiques d'investissement, les individus peuvent améliorer leurs chances de réussite sur le marché des crypto-monnaies.

L'étude des investisseurs en crypto monnaies à succès offre une perspective et une inspiration précieuses. Leurs réalisations démontrent le potentiel des investissements dans les cryptomonnaies et incitent les futurs investisseurs à explorer les opportunités du marché.

Les investisseurs qui réussissent développent souvent des stratégies et des approches uniques qui contribuent à leur succès. En analysant ces stratégies, les investisseurs peuvent mieux comprendre les facteurs qui conduisent à des investissements réussis et les adapter à leur propre approche d'investissement. Apprendre des expériences d'investisseurs prospères aide les individus à éviter les pièges et les erreurs courants. Comprendre les défis auxquels ils ont été confrontés et les leçons qu'ils ont apprises peut éviter aux nouveaux investisseurs de commettre des erreurs coûteuses.

De nombreux investisseurs prospères en crypto monnaies adoptent une stratégie d'investissement à long terme, en se concentrant sur le potentiel de projets prometteurs sur une période prolongée. Ils comprennent la volatilité du marché et croient à la valeur et à l'adoption à long terme des crypto-monnaies.

La diversification des investissements dans différentes crypto-monnaies est une stratégie courante parmi les investisseurs qui réussissent. En répartissant les risques entre différents projets et secteurs, ils visent à minimiser l'impact de la volatilité sur leur portefeuille global.

Les investisseurs qui réussissent ont souvent recours à l'analyse fondamentale pour évaluer les crypto-monnaies. Ils évaluent des facteurs tels que la technologie, l'expertise de l'équipe, la demande du marché et le potentiel d'adoption dans le monde réel. Cette approche permet d'identifier les projets dotés de fondamentaux solides et d'un potentiel de croissance à long terme.

Certains investisseurs prospères intègrent l'analyse technique dans leur stratégie d'investissement. Ils le font afin de prendre des décisions éclairées concernant les points d'entrée et de sortie en analysant les modèles de prix, les indicateurs graphiques et les tendances du marché. L'analyse technique aide à planifier les investissements et à identifier les mouvements potentiels de prix.

Les investisseurs qui réussissent donnent la priorité à la gestion des risques et emploient des stratégies pour protéger leurs investissements. Cela comprend la mise en place d'ordres stop-loss, la réalisation régulière de revues de portefeuille et le maintien d'une approche méthodique de la répartition du capital.

Les investisseurs qui réussissent soulignent l'importance de la patience et du maintien d'une vision à long terme. Ils comprennent que les marchés des cryptomonnaies sont volatils et peuvent connaître des fluctuations importantes à court terme. Détenir des investissements dans une perspective à long terme leur permet de traverser les cycles du marché et de capter le potentiel de croissance.

Apprendre auprès d'investisseurs prospères souligne l'importance de l'apprentissage et de la recherche continus. Ils encouragent les investisseurs à se tenir au courant des tendances du marché, des avancées technologiques et des évolutions réglementaires. L'apprentissage continu permet aux investisseurs de s'adapter à l'évolution du paysage des crypto-monnaies.

Les investisseurs qui réussissent reconnaissent que la volatilité et le risque sont inhérents au marché des crypto-monnaies. Ils considèrent la volatilité comme une opportunité de gains potentiels et reconnaissent l'importance d'une gestion efficace des risques. Ils mettent en garde contre le fait de se laisser influencer par les fluctuations du marché à court terme et conseillent de se concentrer sur les fondamentaux à long terme.

Les investisseurs qui réussissent reconnaissent la valeur du réseautage et de l'établissement de liens au sein de la communauté des crypto-monnaies. Ils s'engagent activement avec d'autres investisseurs, professionnels du secteur et leaders d'opinion. Cette mise en réseau facilite le partage des connaissances, la collaboration et l'accès à des informations précieuses.

Les investisseurs doivent définir leurs objectifs d'investissement en fonction de leur tolérance au risque, de leur horizon temporel et de leurs objectifs financiers. Cela permet d'aligner les stratégies d'investissement sur les circonstances individuelles et les résultats souhaités.

La formation continue et la recherche sont essentielles pour prendre des décisions d'investissement éclairées. En restant informés de l'évolution du marché, les investisseurs peuvent identifier les opportunités d'investissement potentielles et évaluer la viabilité des différents projets.

Les particuliers doivent développer une approche d'investissement équilibrée basée sur les stratégies d'investisseurs performants. Cela peut impliquer de combiner des positions d'investissement à long terme avec des opportunités de trading à plus court terme. L'équilibre entre risque et récompense est crucial pour atteindre les objectifs d'investissement.

Il est essentiel d'examiner et d'ajuster périodiquement les portefeuilles d'investissement pour s'aligner sur les objectifs d'investissement et s'adapter aux conditions du marché. Cette pratique permet aux investisseurs de réaffecter leur capital, de rééquilibrer leurs avoirs et de saisir de nouvelles opportunités.

Apprendre auprès d'investisseurs prospères en crypto monnaie fournit des informations et des conseils inestimables pour naviguer sur le marché des crypto monnaies. En étudiant leurs stratégies, les investisseurs peuvent prendre du recul, éviter les pièges courants et intégrer des approches éprouvées dans leurs pratiques d'investissement. La patience, la vision à long terme, l'apprentissage continu et la gestion des risques sont des leçons clés transmises par les investisseurs qui réussissent.

En appliquant ces leçons aux stratégies d'investissement personnelles, les investisseurs peuvent développer une approche équilibrée, définir des objectifs d'investissement et se tenir au courant des tendances et des évolutions du marché. Les individus peuvent augmenter leurs chances de succès et développer une base solide pour leur parcours d'investissement dans les cryptomonnaies en s'appuyant sur les connaissances d'investisseurs prospères et en exploitant la sagesse de ces investisseurs.

ChapitreVIII   :Tendancesetopportunitésfuturesen matière d'investissement dans les crypto-monnaies

Explorer les tendances et technologies émergentes dans le secteur des crypto monnaies

Le secteur des cryptomonnaies continue d'évoluer rapidement, stimulé par les progrès technologiques, l'évolution de la dynamique du marché et l'évolution des préférences des investisseurs. Rester informé des tendances et technologies émergentes est crucial pour comprendre la trajectoire du secteur des cryptomonnaies et identifier les opportunités d'investissement potentielles. Cette section explore l'importance de l'exploration des tendances et technologies émergentes dans le secteur des cryptomonnaies, met en évidence les développements notables et discute de leur impact potentiel sur le marché. En restant à la pointe de l'innovation, les investisseurs peuvent se positionner pour capitaliser sur les dernières tendances et contribuer à la croissance de l'écosystème des crypto-monnaies.

L'exploration des tendances et technologies émergentes fournit des informations précieuses sur la dynamique du marché et aide les investisseurs à identifier les opportunités de croissance potentielles. Cela permet une reconnaissance précoce des projets prometteurs et la capacité d'adapter les stratégies d'investissement en conséquence.

Le secteur des cryptomonnaies est fortement axé sur l'innovation technologique. Se tenir au courant des technologies émergentes permet aux investisseurs de comprendre leur impact potentiel sur le marché et d'identifier des projets qui exploitent les avancées pour offrir de nouvelles fonctionnalités et solutions.

Les investisseurs pourraient se donner un avantage concurrentiel par rapport aux autres personnes opérant sur le marché en recherchant les nouvelles tendances et technologies en développement. Comprendre les derniers développements et être les premiers à adopter des projets innovants permet aux investisseurs de capitaliser sur le potentiel de croissance avant qu'il ne devienne courant.

La finance décentralisée (DéFi) est devenue une tendance importante, révolutionnant les systèmes financiers traditionnels grâce à l'utilisation de la technologie blockchain. Les plates-formes DéFi permettent des prêts, des emprunts, des échanges et d'autres services financiers décentralisés, offrant aux utilisateurs une accessibilité et un contrôle accrus sur leurs actifs.

Les jetons non fongibles (NFT) ont attiré une large attention en tant qu'actifs numériques uniques enregistrés sur la blockchain. Ils permettent la tokenisation et la propriété d'objets de collection numériques, d'œuvres d'art et d'autres objets uniques. Les NFT ont créé de nouvelles voies pour les artistes, les créateurs de contenu et les investisseurs, transformant ainsi le paysage de la propriété numérique.

De nombreuses banques centrales étudient le développement de leurs monnaies numériques. Les monnaies numériques des banques centrales (CBDC) visent à fournir des représentations numériques des monnaies nationales, en tirant parti de la technologie blockchain pour améliorer l'efficacité, la sécurité et l'inclusion financière.

L'évolutivité constitue un défi persistant pour les réseaux blockchain. Les solutions de couche 2, telles que les canaux de paiement et les sidechains, apparaissent comme des solutions potentielles pour améliorer le débit des transactions et réduire les frais tout en préservant la sécurité de la blockchain sous-jacente.

À mesure que les réseaux blockchain se développent, l'interopérabilité entre les différents réseaux devient cruciale. Les solutions d'interopérabilité permettent une communication transparente et un transfert de valeur entre diverses blockchains, améliorant ainsi la connectivité et facilitant l'échange d'actifs.

Les tendances et technologies émergentes peuvent accroître l'inclusion financière en fournissant un accès aux services financiers aux populations non bancarisées et sous-bancarisées. DéFi et les CBDC, par exemple, peuvent donner du pouvoir aux personnes ayant un accès limité aux systèmes financiers traditionnels.

Les technologies basées sur la blockchain ont le potentiel de supprimer les intermédiaires de diverses industries en supprimant les intermédiaires et en facilitant les transactions peer-to-peer. Cette désintermédiation peut réduire les coûts, accroître la transparence et promouvoir l'efficacité dans les secteurs de la finance, de l'art et de la gestion de la chaîne d'approvisionnement.

Les tendances émergentes telles que les NFT et la propriété fractionnée permettent la démocratisation des opportunités d'investissement. Les investisseurs peuvent accéder à des actifs auparavant exclusifs, participer à des projets de financement participatif et échanger des actifs numériques, créant ainsi de nouvelles voies de génération et de diversification de richesse.

Les progrès des techniques cryptographiques et des technologies améliorant la confidentialité améliorent la sécurité et la confidentialité des transactions dans le secteur des crypto-monnaies. Cela peut attirer davantage d'utilisateurs et d'investisseurs institutionnels en répondant aux problèmes de confidentialité et de protection des données.

Les investisseurs devraient s'engager activement dans la recherche et l'éducation pour mieux comprendre les tendances et technologies émergentes. Cela inclut la lecture de livres blancs, le suivi de publications réputées du secteur, la participation à des conférences et la participation à des webinaires et à des ateliers.

La création d'un réseau de professionnels du secteur, de développeurs et de leaders d'opinion facilite l'accès aux dernières informations et perspectives. S'engager dans des communautés et des forums, collaborer à la recherche et partager des connaissances contribuent à rester informés des tendances émerg entes.

Les investisseurs peuvent envisager de participer à des projets pilotes ou d'investir dans des entreprises en démarrage explorant les tendances et technologies émergentes. Ces opportunités offrent une expérience pratique, un aperçu du potentiel des nouveaux développements et des investissements potentiels à haut risque et à haut rendement.

Compte tenu de la nature évolutive des tendances et technologies émergentes, les investisseurs devraient diversifier leurs portefeuilles. L'allocation d'une partie des investissements à différents secteurs et projets permet d'atténuer les risques et de saisir les opportunités de croissance potentielles dans diverses tendances émerg entes.

L'exploration des tendances et technologies émergentes est cruciale pour que les investisseurs puissent naviguer dans le secteur des crypto-monnaies en évolution rapide. En restant informés des tendances émergentes, en comprenant leur impact potentiel et en mettant en œuvre des stratégies efficaces, les investisseurs peuvent se positionner pour réussir et contribuer à la croissance et au développement de l'écosystème des crypto-monnaies.
Grâce à la recherche, au réseautage, à l'expérimentation et à la diversification, les investisseurs peuvent embrasser l'avenir des crypto-monnaies et capitaliser sur les tendances et technologies émergentes. La capacité du secteur des crypto-monnaies à innover et à s'adapter est à l'origine de son potentiel révolutionnaire, et les investisseurs qui restent à l'avant-garde de ces avancées ont de bonnes chances de profiter des opportunités offertes par l'évolution des tendances et de la technologie.

Impact potentiel de l'adoption institutionnelle sur le marché des crypto monnaies

Ces dernières années, le marché des crypto-monnaies a connu une croissance et une maturation significatives, ce qui a suscité l'intérêt des investisseurs institutionnels. L'adoption institutionnelle fait référence à l'entrée d'institutions financières traditionnelles, telles que les banques, les fonds spéculatifs et les sociétés de gestion d'actifs, sur le marché des crypto-monnaies. Cette section explore l'impact potentiel de l'adoption institutionnelle sur le marché des crypto-monnaies, en discutant des avantages, des défis et des implications pour les différentes parties prenantes. En examinant le paysage évolutif de l'implication institutionnelle, nous pouvons mieux comprendre le potentiel de transformation et les perspectives à long terme de l'adoption institutionnelle sur le marché des crypto-monnaies.

L'entrée d'investisseurs institutionnels apporte crédibilité et légitimité au marché des crypto-monnaies. Les cadres réglementaires lient les institutions et fonctionnent au sein de systèmes financiers établis, apportant stabilité et confiance à la classe d'actifs émergente.

Les investisseurs institutionnels disposent de ressources financières substantielles qui peuvent améliorer considérablement la liquidité du marché. Leur participation peut entraîner une augmentation des volumes de transactions, des écarts acheteur-vendeur plus étroits et une meilleure stabilité des prix, rendant le marché des cryptomonnaies plus attrayant pour un plus large éventail d'investisseurs.

L'adoption institutionnelle peut accélérer l'acceptation et l'adoption des crypto-monnaies par le grand public. À mesure que les institutions adoptent les actifs numériques, la sensibilisation du public et l'acceptation des crypto-monnaies en tant que classe d'investissement légitime augmentent, ce qui pourrait conduire à une adoption plus large par les investisseurs particuliers et les entreprises.

Les investisseurs institutionnels apportent une expertise professionnelle, des pratiques rigoureuses de gestion des risques et des technologies de trading avancées au marché des crypto-monnaies. Leur participation peut améliorer l'efficacité du marché en réduisant l'asymétrie de l'information, en améliorant la découverte des prix et en augmentant la profondeur du marché.

La participation institutionnelle peut favoriser le développement de cadres réglementaires solides pour le marché des crypto-monnaies. La clarté de la réglementation et les mesures de protection des investisseurs, facilitées par la participation institutionnelle, créent un environnement plus sûr et plus transparent, attirant un plus large éventail d'investisseurs.

L'entrée d'investisseurs institutionnels peut contribuer à atténuer la volatilité des marchés. Leurs horizons d'investissement à long terme et leurs portefeuilles diversifiés contribuent à la stabilité des marchés, réduisant ainsi l'impact de la spéculation et de la manipulation à court terme.

L'adoption institutionnelle est confrontée à des défis réglementaires, car le marché des cryptomonnaies évolue dans un paysage réglementaire complexe et évolutif. Les institutions doivent se conformer aux exigences de conformité, aux réglementations anti-blanchiment d'argent (AML) et aux protocoles de connaissance du client (KYC) pour garantir la conformité réglementaire.

Les institutions ont besoin de solutions de conservation robustes et de mesures de sécurité strictes pour protéger leurs avoirs en crypto-monnaies. Le développement de services de conservation sécurisés et réglementés est essentiel à l'adoption institutionnelle, répondant aux préoccupations en matière de protection des actifs et de gestion des risques.

L'infrastructure du marché des cryptomonnaies est encore en développement et son évolutivité reste un défi. L'adoption institutionnelle nécessite des plateformes de négociation fiables, des systèmes d'exécution d'ordres et des outils de surveillance du marché pour soutenir les activités d'investissement à grande échelle.

Les investisseurs particuliers ont tout à gagner de l'adoption institutionnelle de plusieurs manières, notamment une augmentation de la liquidité du marché, une amélioration de la stabilité des prix et un accès à une plus grande variété de produits et services d'investissement. Cependant, cela peut également introduire de la concurrence et créer des barrières à l'entrée pour les investisseurs individuels.

L'afflux d'investisseurs institutionnels peut avoir un impact significatif sur les échanges de crypto-monnaies. Les bourses doivent s'adapter pour gérer des volumes de transactions plus élevés, garantir le respect des exigences réglementaires et offrir des services de qualité institutionnelle pour répondre aux besoins des investisseurs institutionnels.

L'adoption institutionnelle peut stimuler l'innovation et le progrès de la technologie blockchain. À mesure que les institutions explorent des solutions blockchain pour divers cas d'utilisation, tels que le règlement, la gestion de la chaîne d'approvisionnement et la vérification d'identité, l'adoption plus large de la technologie blockchain est susceptible de s'accélérer.

L'adoption institutionnelle a des implications pour le système financier mondial. À mesure que les crypto-monnaies s'intègrent dans l'infrastructure financière traditionnelle, l'interopérabilité entre les systèmes d'actifs traditionnels et numériques deviendra de plus en plus importante. La collaboration entre les institutions et les projets de cryptomonnaies peut façonner l'avenir du système financier mondial.

Des cadres réglementaires clairs et cohérents qui répondent aux exigences de protection des investisseurs, d'intégrité du marché et de conformité sont essentiels à l'adoption institutionnelle. Les gouvernements et les organismes de réglementation devraient travailler en collaboration avec les acteurs de l'industrie pour établir des cadres réglementaires complets qui favorisent l'innovation tout en maintenant la stabilité du marché.

Le développement de solutions de conservation sécurisées et réglementées adaptées aux exigences institutionnelles est essentiel. Les institutions ont besoin de solutions de conservation offrant des mesures de sécurité robustes, une couverture d'assurance et le respect des normes réglementaires.

L'infrastructure du marché des cryptomonnaies doit évoluer pour soutenir l'adoption institutionnelle. Cela comprend le développement de plateformes de négociation évolutives et efficaces, de systèmes d'exécution d'ordres et d'outils de surveillance du marché qui répondent aux exigences institutionnelles.

L'adoption institutionnelle peut transformer le marché des crypto-monnaies, apportant crédibilité, liquidité et acceptation par le grand public. Même s'il faut relever des défis tels que les obstacles réglementaires, la conservation et l'infrastructure du marché, les avantages de la participation institutionnelle dépassent de loin les obstacles. À mesure que les institutions entrent sur le marché, elles contribuent à la stabilité du marché, au développement de la réglementation et à une efficacité accrue du marché.

Pour encourager l'adoption institutionnelle, les parties prenantes doivent se concentrer sur la clarté de la réglementation, le développement de solutions de conservation robustes et l'évolution de l'infrastructure du marché. En favorisant un environnement propice à la participation institutionnelle, le secteur des cryptomonnaies peut attirer une plus grande implication institutionnelle, favorisant ainsi sa maturation et sa durabilité à long terme.

Alors que l'adoption institutionnelle continue de se développer, il est essentiel de surveiller son impact sur la dynamique du marché, les cadres réglementaires et le système financier dans son ensemble. En adoptant l'implication institutionnelle, le marché des cryptomonnaies peut évoluer vers une partie plus robuste et intégrée de l'écosystème financier mondial, offrant de nouvelles opportunités aux investisseurs et favorisant l'innovation dans la technologie blockchain.

Des opportunités au-delà des crypto-monnaies traditionnelles (DéFi, NFT, etc.)

Le paysage des cryptomonnaies a connu une évolution remarquable, s'étendant au-delà des crypto-monnaies traditionnelles comme Bitcoin et Ethereum. Des concepts et des technologies innovants ont émergé, offrant un monde d'opportunités allant au-delà des monnaies numériques conventionnelles. Cette section explore le vaste potentiel offert par la finance décentralisée (DéFi), les jetons non fongibles (NFT) et d'autres concepts émergents dans l'espace des crypto-monnaies. En comprenant et en saisissant ces opportunités, les investisseurs et les passionnés peuvent élargir leurs horizons et capitaliser sur le potentiel de transformation de ces actifs numériques alternatifs.

Alors que Bitcoin et Ethereum ont jeté les bases de la révolution des cryptomonnaies, l'écosystème s'est considérablement développé depuis. Les crypto-monnaies traditionnelles continuent de jouer un rôle essentiel, mais elles partagent désormais la scène avec divers actifs et technologies numériques alter natifs.

La finance décentralisée (DéFi) a suscité une attention considérable pour avoir révolutionné les systèmes financiers traditionnels grâce à la technologie blockchain. Les plates-formes DéFi permettent des prêts, des emprunts, des échanges et d'autres services financiers décentralisés, offrant aux utilisateurs une accessibilité, une transparence et un contrôle accrus sur leurs actifs.

Les jetons non fongibles (NFT) sont devenus des actifs numériques uniques enregistrés sur la blockchain. Contrairement aux crypto-monnaies, les NFT représentent la propriété d'objets spécifiques, tels que des œuvres d'art numérique, des objets de collection ou des biens immobiliers virtuels. Les NFT ont ouvert de nouvelles voies aux artistes, aux créateurs de contenu et aux investisseurs, remodelant le paysage de la propriété numérique.

Pour relever les défis d'évolutivité, des solutions de couche 2, telles que les canaux de paiement et les sidechains, émergent pour améliorer le débit des transactions et réduire les frais tout en préservant la sécurité de la blockchain sous-jacente.

Les Stablecoins ont gagné en importance en tant que crypto-monnaies conçues pour maintenir une valeur stable, souvent liées à une monnaie fiduciaire ou à un actif sous-jacent. Leur stabilité des prix rend les pièces stables adaptées à divers cas d'utilisation, notamment les envois de fonds, les paiements et la couverture contre la volatilité du marché.

DeFi offre aux individus du monde entier de nouvelles opportunités, en particulier pour les populations non bancarisées et sous-bancarisées. Les protocoles DéFi permettent à toute personne disposant d'une connexion Internet d'accéder à une variété de services financiers en supprimant le besoin des institutions financières traditionnelles. Ces services comprennent les prêts, les emprunts et les intérêts sur les prêts.

DéFi permet aux utilisateurs de gagner un revenu passif grâce à l'agriculture de rendement et au jalonnement. En fournissant des liquidités aux bourses décentralisées ou en verrouillant leurs actifs dans des contrats intelligents, les utilisateurs peuvent gagner des récompenses sous la forme de jetons supplémentaires.

Les plates-formes DéFi facilitent la tokenisation d'actifs du monde réel, notamment l'immobilier, l'art et les matières premières. Cela permet une propriété fractionnée, une liquidité accrue et de nouvelles opportunités d'investissement sur des marchés auparavant illiquides.

Les jetons non fongibles (NFT) ont révolutionné le marché de l'art et des objets de collection en permettant aux artistes et créateurs de tokenizer et de vendre leurs œuvres numériques. Les NFT fournissent une propriété, une provenance et une rareté vérifiables, ouvrant ainsi de nouvelles sources de revenus et responsabilisant les créateurs de contenu.

Les NFT ont trouvé des applications dans l'industrie du jeu, permettant aux joueurs de posséder et d'échanger des actifs dans le jeu. De plus, les mondes virtuels alimentés par la technologie blockchain permettent la création d'immobilier virtuel et d'économies virtuelles, offrant de nouvelles opportunités aux investisseurs et aux participants.

Les NFT peuvent transformer la gestion et la monétisation des droits de propriété intellectuelle. Les créateurs peuvent symboliser leur propriété intellectuelle, permettant ainsi des ventes directes, des licences et la perception de redevances de manière transparente et automatisée.

Les solutions d'identité décentralisée (DID) exploitent la technologie blockchain pour permettre aux individus de contrôler leur identité numérique. Cela permet une gestion des identités sécurisée et portable, réduisant le recours aux systèmes d'identité centralisés et facilitant les processus d'authentification et de vérification transparents.

La tokenisation des titres traditionnels comme les actions, les obligations et les actifs immobiliers est rendue possible par la technologie blockchain. Les titres tokenizers offrent une liquidité accrue, une propriété fractionnée et des processus d'émission et de négociation simplifiés.

Le concept du Web 3.0 envisage un Internet plus décentralisé et centré sur l'utilisateur. Les solutions basées sur la blockchain permettent aux individus de contrôler leurs données, de participer à des applications décentralisées et de s'engager dans des transactions peer-to-peer sans intermédiaire.

Même si les actifs numériques alternatifs présentent des opportunités passionnantes, il est crucial de reconnaître que le marché en est encore à ses débuts. Des risques et une volatilité plus élevés peuvent accompagner les actifs et technologies émergents, obligeant les investisseurs à mener des recherches approfondies et à faire preuve de prudence.

À mesure que l'écosystème se développe, les régulateurs se concentrent de plus en plus sur les actifs numériques alternatifs. Les investisseurs et les participants doivent naviguer dans des cadres réglementaires en évolution pour garantir la conformité et se protéger contre les risques juridiques potentiels.

L'adoption d'actifs numériques alternatifs s'accompagne souvent de défis technologiques. L'évolutivité, l'interopérabilité et l'expérience utilisateur restent des domaines prioritaires pour le développement et l'amélioration continue.

Saisir les opportunités présentées par les actifs numériques alternatifs nécessite une formation et une recherche continues. Les investisseurs doivent se familiariser avec la technologie sous-jacente de ces actifs, les cas d'utilisation et les risques potentiels.

Les investisseurs devraient envisager de diversifier leurs portefeuilles pour inclure un mélange de crypto-monnaies traditionnelles, de jetons DéFi, de NFT et d'autres actifs émergents. La diversification contribue à atténuer les risques et permet de s'exposer à diverses opportunités au sein de l'écosystème en expansion des crypto-monnaies.

Pour profiter pleinement des opportunités présentées par les actifs numériques alternatifs, les individus doivent participer activement aux communautés, assister aux conférences du secteur et dialoguer avec des experts du secteur. Cela facilite le partage des connaissances, la mise en réseau et la mise à jour des derniers développements.

L'écosystème des cryptomonnaies évolue continuellement, présentant de nombreuses opportunités au-delà des crypto-monnaies traditionnelles. DéFi, NFT et d'autres concepts émergents offrent de nouvelles voies d'inclusion financière, d'investissement et d'expression créative. Même si des défis et des risques existent, le potentiel de transformation de ces actifs numériques alternatifs ne peut être ignoré.

Les investisseurs et les passionnés peuvent capitaliser sur les opportunités présentées par la finance décentralisée, les jetons non fongibles et d'autres concepts émergents en restant informés, en adoptant l'éducation et en participant activement au paysage émergent. La croissance et la maturation continues de l'écosystème des cryptomonnaies dépendent de l'exploration et de l'adoption de ces actifs numériques alternatifs, de la stimulation de l'innovation et de la refonte de diverses industries.

Perspectives réglementaires et son influence sur le paysage des crypto monnaies

Le paysage des cryptomonnaies a connu une croissance et une innovation significatives ces dernières années, attirant l'attention des régulateurs du monde entier. À mesure que les monnaies numériques et la technologie blockchain gagnent du terrain, les gouvernements et les organismes de réglementation sont aux prises avec la nécessité d'établir des cadres réglementaires clairs pour garantir la protection des investisseurs, l'intégrité du marché et la stabilité financière. Cette section explore les perspectives réglementaires des crypto-monnaies et leur influence sur le paysage des crypto-monnaies. Il examine les défis, les avantages et les implications potentielles des mesures réglementaires, soulignant l'importance d'équilibrer l'innovation et la protection des consommateurs dans ce secteur en évolution rapide.

La réglementation contribue à protéger les investisseurs en établissant des normes de transparence, de divulgation et de droits des consommateurs. Il garantit que ceux qui participent au marché des cryptomonnaies sont conscients des risques encourus et ont accès à des informations fiables afin de pouvoir prendre des décisions basées sur ces informations.

La réglementation contribue à maintenir l'intégrité du marché en empêchant la fraude, la manipulation et les activités illicites. En appliquant des règles et des mécanismes de surveillance, les régulateurs peuvent atténuer les risques et créer des conditions de concurrence équitables pour tous les acteurs du marché.

Les crypto-monnaies peuvent potentiellement avoir un impact sur la stabilité financière en raison de leur portée mondiale et de leur nature décentralisée. Une réglementation appropriée peut contribuer à répondre à des préoccupations telles que le blanchiment d'argent, le financement du terrorisme et les risques systémiques, garantissant ainsi la stabilité du système financier dans son ensemble.

Différents pays et organismes de réglementation ont adopté diverses approches en matière de réglementation des cryptomonnaies. Certains pays ont adopté les cryptomonnaies et la technologie blockchain, en fournissant des cadres favorables pour favoriser l'innovation, tandis que d'autres ont adopté une position plus prudente, en se concentrant sur la protection des investisseurs et l'atténuation des risques.

La réglementation des crypto-monnaies pose des défis uniques en raison de leur nature décentralisée, de leurs transactions transfrontalières et de l'évolution rapide de leur technologie. Les régulateurs doivent composer avec ces complexités pour élaborer des cadres efficaces et équilibrés qui favorisent l'innovation tout en abordant les risques potentiels.

Des cadres réglementaires clairs et complets peuvent contribuer à la maturation du marché des crypto-monnaies. La certitude réglementaire encourage les investisseurs institutionnels et les institutions financières traditionnelles à entrer dans ce secteur, ce qui entraîne une liquidité accrue, une amélioration des infrastructures de marché et une adoption plus large.

La surveillance réglementaire inspire confiance aux investisseurs, en particulier aux investisseurs particuliers, qui peuvent s'inquiéter de la sécurité et de la légitimité du marché des crypto-monnaies. Un cadre réglementaire solide renforce la confiance, attire davantage de participants et réduit potentiellement la volatilité des marchés.

Les entreprises qui négocient des crypto-monnaies et les personnes qui participent au marché des crypto-monnaies peuvent avoir du mal à se conformer aux exigences réglementaires. La nature évolutive des réglementations, les approches différentes selon les juridictions et la nécessité de procédures de connaissance du client (KYC) et de lutte contre le blanchiment d'argent (AML) peuvent créer des charges de conformité qui peuvent affecter de manière disproportionnée les petits acteurs.

Les régulateurs devraient favoriser un environnement qui encourage l'innovation et le développement de la technologie blockchain. Les efforts de collaboration entre les régulateurs, les acteurs de l'industrie et le monde universitaire peuvent promouvoir une innovation responsable tout en répondant aux préoccupations réglementaires.

Les régulateurs devraient donner la priorité à l'éducation des investisseurs afin d'améliorer leur compréhension des crypto-monnaies et des risques associés. Donner aux investisseurs des connaissances peut atténuer le potentiel de fraude, de désinformation et de pertes d'investissement, favorisant ainsi une participation responsable au marché des crypto-monnaies.

Les régulateurs devraient adopter des approches fondées sur les risques et tenant compte des caractéristiques uniques des crypto-monnaies. Plutôt que d'appliquer une approche universelle, les réglementations devraient être proportionnées aux risques encourus, en trouvant un équilibre entre la protection des consommateurs et le soutien à la croissance du secteur.

Compte tenu de la nature mondiale des cryptomonnaies, la collaboration internationale est cruciale pour une réglementation efficace. La coopération entre les régulateurs et les organismes de normalisation peut contribuer à relever les défis liés aux transactions transfrontalières, au blanchiment d'argent et à l'arbitrage réglementaire.

Les bacs à sable réglementaires fournissent un environnement contrôlé permettant aux entreprises de tester des produits et services innovants sous surveillance réglementaire. Ces bacs à sable permettent aux régulateurs de mieux comprendre les technologies émergentes et leurs implications, permettant ainsi de prendre des décisions réglementaires plus éclairées.

Les cadres réglementaires doivent rester flexibles et adaptables pour suivre le rythme de l'évolution du paysage des crypto-monnaies. Une réévaluation et des mises à jour régulières garantiront que les réglementations restent efficaces et pertinentes à mesure que la technologie progresse et que de nouveaux risques apparaissent.

Les perspectives réglementaires pour les crypto-monnaies sont un facteur essentiel qui façonne le paysage des crypto-monnaies. Si la réglementation présente des défis, elle offre également des opportunités de maturation du marché, de confiance accrue des investisseurs et de protection contre les risques potentiels. Trouver un équilibre entre la promotion de l'innovation et la protection des consommateurs est essentiel pour maintenir un écosystème de cryptomonnaie dynamique et durable.

La collaboration entre les régulateurs, les acteurs de l'industrie et les autres parties prenantes est nécessaire pour élaborer des cadres réglementaires efficaces et adaptables. En promouvant la coordination mondiale, l'éducation des investisseurs et les approches fondées sur le risque, les régulateurs peuvent encourager l'innovation responsable tout en garantissant la protection des investisseurs, l'intégrité du marché et la stabilité financière.

À mesure que le paysage des cryptomonnaies continue d'évoluer, un dialogue et une coopération continus entre les régulateurs, les acteurs du secteur et la communauté au sens large seront essentiels pour naviguer avec succès dans le paysage réglementaire, libérer tout le potentiel des cryptomonnaies et récolter les avantages de la technologie blockchain.

Conclusion

Récapitulatif des concepts et stratégies clés abordés dans le livre électronique

Tout au long de cet e-book, nous nous sommes penchés sur l'investissement dans les crypto-monnaies, explorant divers concepts, stratégies et considérations essentiels pour naviguer dans le paysage dynamique et évolutif des crypto-monnaies. Alors que nous approchons de la fin de ce voyage, il est important de récapituler les concepts et stratégies clés discutés, en résumant les informations précieuses acquises tout au long du parcours. Cette section fournit un récapitulatif complet des concepts clés, notamment la décentralisation, la sécurité, la transparence, la gestion des risques, l'analyse de marché et la diversification du portefeuille, ainsi que les stratégies et les meilleures pratiques partagées, offrant aux lecteurs une compréhension consolidée des éléments essentiels nécessaires à une réussite. investissement en crypto-monnaie.

I. Conceptsclésdel'investissementencrypto-monnaie

La décentralisation est au cœur des crypto-monnaies, éliminant le besoin d'intermédiaires et favorisant les transactions peer-to-peer. Nous avons exploré comment la décentralisation contribue à la transparence, à la résistance à la censure et à l'inclusion financière, faisant des crypto-monnaies une force perturbatrice dans les systèmes financiers traditionnels.

La sécurité des cryptomonnaies est primordiale pour protéger les actifs numériques contre le vol et les accès non autorisés. Nous avons discuté de l'importance de sécuriser les clés privées, de mettre en œuvre des mots de passe forts, d'utiliser des portefeuilles matériels et d'employer les meilleures pratiques telles que l'authentification à deux facteurs et les portefeuilles multi-signatures.

La nature transparente de la technologie blockchain permet des transactions vérifiables et répond à la question de la confiance dans les systèmes financiers. Nous avons exploré comment les grands livres publics et les contrats intelligents améliorent la transparence, facilitent l'audit et assurent la traçabilité des transactions en crypto monnaies.

II. Stratégiespouruninvestissementréussidanslescrypto-monnaies Nous

avons souligné l'importance de la gestion des risques dans l'investissement en crypto monnaies. Cela implique de comprendre la tolérance au risque, de définir des attentes réalistes, de diversifier les investissements et d'utiliser des stratégies telles que la moyenne des coûts en dollars et les ordres stop-loss pour atténuer les pertes potentielles et faire face à la volatilité du marché.

L'analyse fondamentale consiste à évaluer la technologie sous-jacente aux crypto-monnaies, l'équipe, les partenariats et la demande du marché. En examinant ces facteurs, les investisseurs peuvent prendre des décisions éclairées basées sur les perspectives à long terme et la croissance potentielle d'actifs numériques spécifiques.

L'analyse technique utilise des modèles de prix historiques, des modèles de graphiques, des indicateurs et des oscillateurs pour identifier les tendances et prédire les mouvements de prix futurs. Nous avons discuté de l'importance de comprendre les outils d'analyse technique et de la manière dont ils peuvent éclairer les points d'entrée et de sortie du trading de crypto-monnaies.

La diversification est une stratégie cruciale dans l'investissement en crypto-monnaie. En répartissant les investissements sur différentes crypto-monnaies et classes d'actifs, les investisseurs peuvent réduire leur exposition au risque et capitaliser sur diverses opportunités sur le marché des cr ypto-monnaies.

III. Meilleurespratiquesetconsidérations

Nous avons souligné l'importance de rester informé des actualités, des tendances du marché et des développements dans le domaine des crypto-monnaies. L'apprentissage continu, la recherche et l'engagement auprès des experts et des communautés du secteur fournissent des informations qui peuvent éclairer les décisions d'investissement.

Nous avons discuté de l'importance de surveiller et de suivre les performances du portefeuille pour gérer efficacement les investissements en cryptomonnaies. L'utilisation d'outils et de plates-formes fournissant des données de marché en temps réel et un suivi de portefeuille aident les investisseurs à rester informés et à prendre des décisions éclairées.

Le rééquilibrage et l'ajustement des portefeuilles de crypto-monnaies sont essentiels pour maintenir une allocation optimale en fonction des conditions du marché. Des évaluations, des analyses et des ajustements réguliers garantissent que les investissements s'alignent sur l'évolution des tendances du marché et des profils de risque individuels.

Alors que nous concluons ce voyage à travers le monde de l'investissement dans les crypto-monnaies, il est essentiel de réfléchir aux concepts clés, aux stratégies et aux meilleures pratiques qui ont été discutés. L'investissement dans les crypto-monnaies est un domaine dynamique et en évolution rapide, et le succès dans ce domaine nécessite une solide compréhension des principes fondamentaux, une recherche diligente, une gestion des risques et une adaptation continue.

En adoptant les concepts clés de décentralisation, de sécurité et de transparence, les investisseurs peuvent naviguer en toute confiance dans le paysage des crypto-monnaies. L'adoption de stratégies d'analyse fondamentale et technique, de diversification et de gestion efficace des risques améliore la probabilité de prendre des décisions d'investissement éclairées.

De plus, rester informé, suivre les investissements et s'adapter aux tendances du marché sont des pratiques cruciales pour maximiser les rendements et gérer les risques. À mesure que le marché des cryptomonnaies continue d'évoluer, une formation continue, un engagement auprès de la communauté et une tenue au courant des évolutions réglementaires et technologiques sont impératifs.

En récapitulant les concepts et stratégies clés abordés dans ce livre, les lecteurs peuvent consolider leur compréhension et se doter des connaissances et des outils nécessaires pour naviguer avec succès dans le paysage des crypto-monnaies. Avec une planification minutieuse, une diligence raisonnable et un engagement à apprendre continuellement, les investisseurs peuvent saisir les opportunités présentées par les crypto-monnaies tout en gérant les risques associés, favorisant ainsi la croissance et le succès à long terme de leur parcours d'investissement dans les crypto-monnaies.

Encouragement à agir et à commencer à constituer un portefeuille diversifié de crypto-monnaies

Tout au long de cet e-book, nous avons exploré le monde fascinant de l'investissement dans les cryptomonnaies, abordant de nombreux sujets, notamment les concepts, stratégies et considérations clés. Alors que nous approchons de la fin de ce voyage, il est temps de transformer les connaissances en action. Cette section encourage les lecteurs à franchir cette étape cruciale et à commencer à constituer un portefeuille diversifié de crypto-monnaies. En exploitant la puissance de la technologie blockchain et en saisissant les opportunités présentées par les crypto-monnaies, les individus peuvent se positionner pour une croissance potentielle et une autonomisation financière.

I. Lepouvoirdescrypto-monnaies :embrasserl'avenir

Les crypto-monnaies représentent un changement important vers un monde axé sur le numérique. Alors que la technologie continue de remodeler diverses industries, faire partie de ce parcours transformateur permet aux individus de rester à la pointe de l'innovation et de profiter des opportunités émergentes.

Les communautés non bancarisées et sous-bancarisées du monde entier pourraient potentiellement accéder aux services financiers grâce à l'utilisation de crypto-monnaies, ce qui pourrait potentiellement promouvoir l'inclusion financière. Les individus peuvent contribuer à un système financier plus inclusif et équitable en adoptant les crypto-monnaies.

II. Lesavantagesdelacréationd'unportefeuillediversifiéde cr ypto-monnaies

La diversification est un principe clé en matière d'investissement. La création d'un portefeuille diversifié de crypto-monnaies permet d'atténuer les risques en répartissant les investissements sur différents actifs. Cette stratégie minimise l'impact des pertes potentielles sur une seule crypto-monnaie, garantissant ainsi une approche d'investissement plus stable et plus résiliente.

Le marché vaste et diversifié des cryptomonnaies, avec divers actifs numériques offrant des propositions de valeur uniques. En constituant un portefeuille diversifié, les individus peuvent capitaliser sur différentes opportunités sur le marché, maximisant potentiellement les rendements et participant à la croissance de projets prometteurs.

III. Surmonterlesobstaclesetlespeurs

L'éducation est le fondement d'une prise de décision confiante. S'engager dans une formation continue, rechercher des projets et rester informé des tendances du marché permet aux individus de faire des choix d'investissement éclairés, dissipant ainsi les peurs et les incertitudes.

L'investissement dans les crypto-monnaies comporte des risques, mais les individus peuvent naviguer plus efficacement sur le marché grâce à des stratégies de gestion des risques prudentes. Établir une tolérance au risque, définir des attentes réalistes et mettre en œuvre des techniques d'atténuation des risques telles que la diversification et l'évaluation régulière du portefeuille peuvent aider les individus à naviguer en toute confiance dans le paysage des cr ypto-monnaies.

IV. Stratégiespourcréerunportefeuillediversifiédecrypto-monnaies

Envisagez de répartir les investissements entre diverses crypto-monnaies avec différents cas d'utilisation, capitalisations boursières et profils de risque. Cela garantit une exposition à différents secteurs et réduit la dépendance à l'égard d'un seul actif numérique.

Menez des recherches approfondies et évaluez la technologie, l'équipe, les partenariats et la demande du marché sous-jacent aux crypto-monnaies. L'analyse fondamentale fournit un aperçu des perspectives à long terme et du potentiel de croissance d'actifs numériques spécifiques.

Évaluez régulièrement la performance de votre portefeuille et ajustez les allocations en fonction des conditions du marché. Le rééquilibrage aide à maintenir une composition de portefeuille optimale et garantit que les investissements s'alignent sur l'évolution des tendances du marché.

L'investissement en crypto-monnaie doit être abordé dans une perspective à long terme. Même si les fluctuations du marché à court terme sont courantes, se concentrer sur le potentiel à long terme des actifs numériques peut aider à surmonter la volatilité et à surfer sur les vagues de croissance du marché.

V. Rechercherdesconseilsetunsoutienprofessionnels

Pensez à demander conseil à des professionnels réputés dans le domaine des crypto-monnaies. Les experts peuvent fournir des informations, répondre aux questions et aider les individus à naviguer dans les complexités du marché des cr ypto-monnaies.

S'engager dans les communautés et les forums de crypto-monnaie favorise les opportunités d'apprentissage, de partage de connaissances et de réseautage. En se connectant avec des personnes partageant les mêmes idées, les individus peuvent bénéficier d'une sagesse collective et d'expériences partagées.

Construire un portefeuille diversifié de crypto monnaies est une étape importante vers la participation à la révolution des crypto monnaies. En agissant, les individus peuvent bénéficier de la croissance et du potentiel de transformation des actifs numériques.

L'éducation, la recherche et la gestion des risques sont des éléments cruciaux de ce parcours. Adoptez l'apprentissage continu, restez informé des tendances du marché et adoptez une mentalité à long terme. Les particuliers peuvent naviguer en toute confiance dans le paysage des crypto-monnaies en employant des stratégies telles que l'allocation d'actifs, l'analyse fondamentale et le rééquilibrage de portefeuille.

Construire un portefeuille diversifié de crypto-monnaies nécessite de la patience, de la diligence et de l'adaptabilité. Embrassez le voyage et embrasser l'avenir de la finance. Commencez à agir dès aujourd'hui et libérez le potentiel des crypto-monnaies pour construire un avenir plus sûr et plus prospère.

Réflexions finales sur l'avenir de l'investissement en crypto-monnaie

Alors que nous terminons ce voyage en explorant le monde de l'investissement dans les cryptomonnaies, il est essentiel de réfléchir à l'avenir de ce secteur dynamique et en évolution rapide. Le paysage des cryptomonnaies a connu une croissance et une innovation remarquables, remettant en question les systèmes financiers traditionnels et remodelant la façon dont nous percevons et interagissons avec l'argent. Dans cette section, nous partagerons nos dernières réflexions sur l'avenir de l'investissement dans les cryptomonnaies, en discutant des tendances clés, des défis potentiels et de l'impact transformateur que les crypto-monnaies sont sur le point d'avoir sur le paysage financier mondial.

I. L'évolutiondel'investissementdanslescrypto-monnaies

Les crypto-monnaies gagnent progressivement en popularité à mesure que les investisseurs institutionnels, les entreprises et les gouvernements reconnaissent leur potentiel. L'adoption généralisée, motivée par la clarté de la réglementation, les progrès technologiques et l'intérêt croissant du public, devrait alimenter davantage la croissance et l'innovation.

L'intégration des crypto-monnaies dans la finance traditionnelle est de plus en plus répandue. Les institutions financières explorent les moyens d'intégrer les actifs numériques dans leurs offres, et les partenariats entre les entreprises traditionnelles et natives de la cryptographie favorisent les collaborations qui comblent le fossé entre les anciens et les nouveaux systèmes financiers.

II. Principalestendancesquifaçonnentl'avenirdel'investissement dans les crypto-monnaies

La finance décentralisée (DéFi) est devenue une force de transformation, révolutionnant les systèmes financiers traditionnels en permettant des prêts, des emprunts et des échanges décentralisés. La croissance des plateformes DéFi, avec leur transparence, leur accessibilité et leurs produits financiers innovants, continuera probablement à façonner l'avenir de l'investissement en cr ypto-monnaie.

Les jetons non fongibles (NFT) ont ouvert de nouvelles frontières pour les créateurs, les artistes et les collectionneurs. À mesure que les NFT trouvent des applications au-delà de l'art numérique, leur potentiel à révolutionner des secteurs tels que les jeux, la musique et les droits de propriété intellectuelle est de plus en plus reconnu. L'avenir de l'investissement dans les crypto-monnaies pourrait impliquer l'exploration des opportunités uniques présentées par cette classe d'actifs numériques.

Plusieurs pays étudient le développement de leurs propres monnaies numériques de banque centrale (CBDC). Les CBDC peuvent remodeler le paysage financier mondial, offrant des avantages tels qu'une inclusion financière accrue, une efficacité accrue des transactions et une réduction des coûts. L'adoption généralisée des CBDC pourrait avoir des implications significatives pour l'investissement en crypto-monnaie.

Le paysage réglementaire entourant les crypto-monnaies continue d'évoluer. Trouver le juste équilibre entre la protection des consommateurs, l'intégrité du marché et l'innovation pose des défis aux régulateurs. Les investisseurs doivent rester informés de l'évolution des réglementations pour naviguer efficacement dans un paysage en évolution.

À mesure que la technologie continue de progresser, le secteur des cryptomonnaies doit s'adapter pour relever de nouveaux défis et opportunités. L'évolutivité, l'interopérabilité et l'expérience utilisateur restent des domaines prioritaires pour améliorer l'efficacité et la convivialité des crypto-monnaies.

À mesure que la valeur des crypto-monnaies augmente, la sécurité et la confidentialité deviennent de plus en plus importantes. Des efforts continus visant à améliorer les mesures de cybersécurité, à remédier aux vulnérabilités et à protéger la vie privée des utilisateurs sont essentiels à une adoption généralisée et à la confiance des investisseurs.

Les crypto-monnaies peuvent donner du pouvoir aux personnes ayant un accès limité aux systèmes financiers traditionnels. Les crypto-monnaies peuvent favoriser l'inclusion financière en fournissant des services financiers aux populations non bancarisées et sous-bancarisées, réduisant ainsi les inégalités et créant des opportunités économiques.

La nature décentralisée des crypto-monnaies élimine le besoin d'intermédiaires, permettant des transactions directes peer-to-peer. Cette désintermédiation peut potentiellement perturber les systèmes financiers traditionnels, en réduisant les coûts, en augmentant l'efficacité et en démocratisant l'accès aux services financiers.

Les crypto-monnaies ont ouvert des opportunités d'investissement à un public plus large. Grâce à la propriété fractionnée, aux faibles barrières à l'entrée et au potentiel de participation mondiale, les particuliers peuvent investir dans des actifs traditionnellement inaccessibles, démocratisant ainsi le paysage de l'investissement et responsabilisant les investisseurs particuliers.

L'avenir de l'investissement en crypto-monnaie est prometteur et plein de potentiel. À mesure que le secteur mûrit et que l'innovation se poursuit, les investisseurs doivent adopter le pouvoir de transformation des crypto-monnaies. L'adoption généralisée des actifs numériques, l'intégration avec la finance traditionnelle et les tendances émergentes telles que DéFi et NFT offrent une multitude d'opportunités à ceux qui souhaitent explorer et participer à ce paysage en évolution.

Cependant, pour réussir dans l'investissement dans les cryptomonnaies, il faut une compréhension nuancée des risques, une formation continue et une approche proactive de la gestion des risques. Rester informé, mener des recherches approfondies et s'adapter aux tendances du marché sont des pratiques essentielles.

En regardant vers l'avenir, rappelons-nous que les crypto-monnaies représentent bien plus que de simples investissements financiers. Ils incarnent l'esprit d'innovation, de décentralisation et d'autonomisation. En acceptant cet avenir, nous pouvons contribuer à remodeler le paysage financier mondial, à favoriser l'inclusion financière et à créer un système financier plus équitable et plus transparent.

Embrassez l'avenir de l'investissement dans les crypto-monnaies à bras ouverts.

Les possibilités sont pratiquement illimitées et la perspective d'un succès accru et d'une influence plus favorable est tout à fait à notre portée.

Merci d'avoir acheté et lu/écouté notre livre. Si vous avez trouvé ce livre utile/utile, prenez quelques minutes et laissez un commentaire sur la plateforme sur laquelle vous avez acheté votre livre. Vos commentaires comptent beaucoup pour nous.